中国国家留学基金管理委员会指定来华留学生基础汉语教材

天天汉语

听力（1）文本及答案

TIANTIAN HANYU

TINGLI (1) WENBEN JI DA'AN

丛书主编 韩志刚 董 杰

本册主编 董 杰

天津大学出版社
TIANJIN UNIVERSITY PRESS

图书在版编目(CIP)数据

天天汉语. 听力. 1：文本及答案 / 董杰主编. —
天津：天津大学出版社，2017.12（2023.9重印）
中国国家留学基金管理委员会指定来华留学生基础汉语教材 / 韩志刚，董杰主编
ISBN 978-7-5618-6013-7

Ⅰ.①天… Ⅱ.①董… Ⅲ.①汉语－听说教学－对外汉语教学－教学参考资料 Ⅳ.①H195.4

中国版本图书馆CIP数据核字(2017)第312023号

出版发行 天津大学出版社
地　　址 天津市卫津路92号天津大学内(邮编:300072)
电　　话 发行部:022-27403647
网　　址 www.tjupress.com.cn
印　　刷 廊坊市瑞德印刷有限公司
经　　销 全国各地新华书店
开　　本 210mm×285mm
印　　张 10.25
字　　数 197千
版　　次 2017年12月第1版
印　　次 2023年9月第2次
定　　价 45.00元

目　　录

第一课

你好

一 语音练习

声韵母练习

(一)听后跟读声母

b	p	m	f
d	t	n	l
g	k	h	

(二)听录音,画出听到的声母

1. h	2. b	3. t	4. l	5. n
6. k	7. d	8. b	9. f	10. h

(三)听后跟读韵母

a	o	e	i	u	ü	
ai	ei	ao	ou	an	en	in
ang	eng	ing				

(四)听录音,画出听到的韵母

1. o	2. a	3. ü	4. ou	5. ing
6. ü	7. ang	8. ei	9. ai	10. ou

声调练习

(一)听后跟读

1. mā	má	mǎ	mà	2. pī	pí	pǐ	pì
3. bāo	báo	bǎo	bào	4. hōu	hóu	hǒu	hòu

5. lū	lú	lǔ	lù	6. līng	líng	lǐng	lìng
7. nān	nán	nǎn	nàn	8. bāi	bái	bǎi	bài

（二）听录音，画出听到的声调

1. B. í	2. D. à	3. C. ǒ	4. B. é	5. B. ǘ
6. C. ǐn	7. D. àng	8. B. áo	9. A. ēng	10. C. ǒu

音节练习

听录音，画出听到的音节

A 组

1. bāo	2. tā	3. lái	4. dōu	5. lín	6. nǚ
7. hēi	8. kàng	9. pō	10. tāng	11. kè	12. lóu

B 组

1. dīng	2. lǎo	3.dù	4. kān	5. pào	6. lù
7. máng	8. pīn	9. dào	10. nǐ	11. fāng	12. fǔ

二　课文理解

（一）看图跟读生词

1. nǎinai（奶奶）
2. lǎoshī（老师）
3. dàifu（大夫）
4. mèimei（妹妹）

（二）在横线上填出听到的韵母和声调

1. A：Dàifu, nín h___ǎo___.　　B：N___ǐ___ hǎo.
（A：大夫，您好。　　B：你好。）

2. A：Nǎinai, n___ín___ hǎo.　　B：Nǐ hǎo.
（A：奶奶，您好。　　B：你好。）

3. A：M___èi___m___ei___, nǐ hǎo.　　B：Nín hǎo.
（A：妹妹，你好。　　B：您好。）

4. A：L___ǎo___sh___ī___, nín hǎo.　　B：Nǐ hǎo.
（A：老师，您好。　　B：你好。）

（三）在横线上填出听到的声母和韵母

t__ao__	__l__í	c__ao__ __m__éi
（桃）	（梨）	（草莓）
d__an__g__ao__	__b__ēizi	__m__àozi
（蛋糕）	（杯子）	（帽子）

第二课

你忙吗

一　语音练习

声韵母练习

(一)听后跟读声母

z	c	s	
zh	ch	sh	r
b	p	d	t
g	k	h	

(二)听录音，画出听到的声母

1. A. zh	2. B. p	3. A. b	4. B. s	5. A. k
6. B. z	7. C. sh	8. A. r	9. C. c	10. B. k

(三)听后跟读韵母

an	ang	uan	uang
ua	uo	uai	ui(uei)
un(uen)	eng	ong	

(四)听录音，画出听到的韵母

1. ua	2. o	3. an	4. eng	5. un
6. ang	7. ou	8. ang	9. uang	10. ei

声调练习

(一)听录音，画出听到的声调

1. D. àn	2. C. uǎ	3. D. ùn	4. A. āng

5. B. uáng　　6. A. uēi　　7. C. uǒ　　8. C. uǎn

（二）听录音，标出"bu"的声调

1. bù chī（不吃）　　2. bù lái（不来）　　3. bú xìn（不信）　　4. bù máng（不忙）

5. bú kàn（不看）　　6. bú jìn（不近）　　7. bú qù（不去）　　8. bù shuō（不说）

9. bù hǎo（不好）　　10 .bú duì（不对）

音节练习

（一）听录音，画出听到的音节

A 组

1. bān　　2. cā　　3. kùn　　4. zòu　　5. néng　　6. tóng

7. shuì　　8. háng　　9. guài　　10. zhǎi　　11. zuò　　12. bō

B 组

1. guǒ　　2. zhǎo　　3. cuī　　4. shuài　　5. rǎng　　6. lèi

7. máng　　8. zān　　9. chuàng　　10. gǔn　　11. dān　　12. rén

（二）判断下列音节与听到的是否一致（对的画"√"，错的画"×"）

1. zàn（√）　　2. zhàng（×）　　3. cā（×）

4. néng（√）　　5. sāi（×）　　6. rǔ（×）

7. lòu（√）　　8. mài（×）　　9. kōng（√）

二　课文理解

（一）看图跟读生词

1. máng（忙）　　2. è（饿）　　3. kě（渴）

4. kùn（困）　　5. lèi（累）　　6. rè（热）

（二）在横线上填出听到的韵母和声调

1. Tā hěn k__ùn__, tā sh__uì__ zháo le.（她很困，她睡着了。）

2. Māma bù m__áng__.（妈妈不忙。）

3. Zh__ēn__ r__è__ a！（真热啊！）

4. Mèimei z__ài__ ch__ī__ fàn.（妹妹在吃饭。）

（三）在横线上填出听到的音节

1. Bàba jīntiān hěn __máng__.（爸爸今天很忙。）

2. Wǒ xiànzài __bú__ è.（我现在不饿。）

3. Qǐng dàjiā dǎ __kāi__ shū.（请大家打开书。）

4. Wǒmen dōu shì __hǎo__péngyou.（我们都是好朋友。）

5. Mǎlì lái Zhōng__guó__ le.（玛丽来中国了。）

第三课

谢谢

一　语音练习

声韵母练习

（一）听后跟读声母

zh	ch	sh	r
j	q	x	
z	c	s	
d	t	n	l

（二）听录音，画出听到的声母

1. B. j	2. B. ch	3. A. r	4. C. x	5. A. d
6. C. k	7. B. g	8. A. b	9. A. x	10. B. ch

（三）听后跟读韵母

üe	ün	un	
ia	iao	iu	ui
ian	iang	in	ing
en	eng	ong	iong

（四）听录音，画出听到的韵母

1. üe	2. ian	3. un	4. un	5. ao
6. iu	7. eng	8. iao	9. ing	10. a

声调练习

(一)听后跟读

hū	hú	hǔ	hù
nī	ní	nǐ	nì
jiā	jiá	jiǎ	jià
qiē	qié	qiě	qiè
xuē	xué	xuě	xuè

(二)听后标出声调

1. xǐ	2. líng	3. jiāng	4. quǎn	5. shuí
6. lào	7. rán	8. tūn	9. lòu	10. níng
11. jǐn	12. héng	13. yuán	14. xiū	15. dú

音节练习

(一)听录音,画出听到的音节

A 组

1. duì	2. jǐ	3. qù	4. tīng	5. zàijiàn
6. jīnglǐ	7. tóngxué	8. míngxiǎn	9. jiānnán	

B 组

1. qǐng	2. jiān	3. lù	4. xiǎo	5. shǒu
6. lián	7. xiāng	8. jìng	9. jié	

(二)判断下列音节与听到的是否一致(对的画"√",错的画"×")

1. qiè(×)	2. zuǒ(√)	3. ná(×)
4. huān(×)	5. shuài(×)	6. wù(√)
7. qíng(√)	8. ràng(√)	9. xíng(×)

二　课文理解

(一)看图跟读生词

1. duìbuqǐ(对不起)　　2. méi guānxi(没关系)　　3. xièxie nǐ(谢谢你)

4. bú kèqi（不客气）　　5. shàngkè（上课）　　6. xiàkè（下课）

（二）在横线上填出听到的韵母和声调

1. Tā z__ài__ kàn d__iàn__shì.（他在看电视。）

2. Jiějie x__ǐ__h__uan__ dú shū.（姐姐喜欢读书。）

3. Mèimei zài x__iě__H__àn__zì.（妹妹在写汉字。）

4. Bàba sh__uō__h__uà__, māma t__īng__.（爸爸说话，妈妈听。）

（三）在横线上填出听到的音节

1. Tóngxuémen, qǐng ānjìng, wǒmen __shàng__ __kè__.（同学们，请安静，我们上课。）

2. Wǒ bàba shì __dài__ __fu__, māma shì __lǎo__ __shī__.（我爸爸是大夫，妈妈是老师。）

3. Nǎinai hěn kě, tā __xiǎng__ hē rè __shuǐ__.（奶奶很渴，她想喝热水。）

4. __Xià__ __kè__ hòu, wǒmen qù cāochǎng tī __zú__ __qiú__ ba.（下课后，我们去操场踢足球吧。）

5. Wǒ zài __chāo__shì __mǎi__ dōngxi ne.（我在超市买东西呢。）

6. Màikè bùxiǎng chī __miàn__ __bāo__, tā yào chī __mǐ__ __fàn__.（麦克不想吃面包，他要吃米饭。）

7. Wǒ __měi__ __tiān__ shēntǐ dōu hěn hǎo.（我每天身体都很好。）

第四课

你去哪儿

一 语音练习

(一)听后跟读声母

d	t	g	k
z	s	j	zh
q	ch	x	sh

(二)听录音,画出听到的声母

1. B. sh	2. A. r	3. B. b	4. B. j	5. C. q
6. C. g	7. B. m	8. A. n	9. C. ch	10. B. x

(三)听后跟读韵母

e	er	ai	uai
iu	ui	ou	uo
un	üe	ing	in

(四)听录音,画出听到的音节

1. ér	2. guì	3. chéng	4. pà	5. qù
6. shī	7. huàr	8. zuǐ	9. gǒu	

(五)听后跟读词语

1. xuésheng(学生)	2. lǎoshī(老师)	3. xièxie(谢谢)
4. jiějie(姐姐)	5. zàijiàn(再见)	6. qù nǎr(去哪儿)
7. fànguǎnr(饭馆儿)	8. Hànyǔ(汉语)	9. érzi(儿子)

(六)听录音,画出听到的词语

A组

1. xīngqī(星期)	2. Rìyǔ(日语)	3. jùzi(句子)
4. shīfàn(师范)	5. shítáng(食堂)	6. qīngtiān(青天)

7. yíxiàr（一下儿）　8. hǎoma（好吗）　9. yìzhī（一只）

B 组

1. bēizi（杯子）　2. cǎo shang（草上）　3. líkāi（离开）
4. míngtiān（明天）　5. shàngwǔ（上午）　6. sāndiǎn（三点）
7. píngguǒ（苹果）　8. xiūxi（休息）　9. jièshào（介绍）

二　课文理解

（一）看图跟读生词

1. xuéxí（学习）　2. xuéxiào（学校）　3. fànguǎnr（饭馆儿）
4. chīfàn（吃饭）　5. xué Hànyǔ（学汉语）　6. xiūxi（休息）

（二）在横线上填出听到的音节

1. A：Nǐ __qù__ __nǎr__?　B：Wǒ __huí__ __jiā__.
（A：你去哪儿？　B：我回家。）
2. A：Wǒ qù __yī__ __yuàn__, nǐ qù ma?　B：Wǒ bú qù.
（A：我去医院，你去吗？　B：我不去。）
3. Nǐ qù __shāng__ __diàn__ ma?（你去商店吗？）
4. A：__Ràng__ wǒ __kàn__ __kan__ hǎo ma?　B：Nǐ kàn ba.
（A：让我看看好吗？　B：你看吧。）
5. Jīntiān __xīng__ __qī__ __sì__.（今天星期四。）
6. Mǎlì hěn __lèi__, tā __shuì__ __jiào__ ne.（玛丽很累，她睡觉呢。）

（三）在横线上填出听到的音节

1. Tóngxuémen, qǐng gēn wǒ dú __kè__ __wén__.（同学们，请跟我读课文。）
2. Wǒ xǐhuan nà jiàn __piào__ __liang__ de yīfu.（我喜欢那件漂亮的衣服。）
3. Xīngqīwǔ __xià__ __wǔ__ wǒmen méiyǒu kè.（星期五下午我们没有课。）
4. Wǒ xiànzài yǒu sān ge __Zhōng__ __guó__ péngyou.（我现在有三个中国朋友。）
5. Māma hé háizimen zài __fáng__ __jiān__ tīng yīnyuè ne.（妈妈和孩子们在房间听音乐呢。）
6. Màikè jiāo wǒ xué __Fǎ__ __yǔ__.（麦克教我学法语。）
7. Zhào lǎoshī de gèzi __fēi__ __cháng__ gāo.（赵老师的个子非常高。）
8. Hànyǔ yǒu sì ge __shēng__ __diào__.（汉语有四个声调。）

第五课

请问您怎么称呼

一 语音与词语练习

(一)听录音,画出听到的声母

1. b	2. t	3. g	4. l	5. ch
6. x	7. j	8. x	9. m	10. b

(二)听录音,画出听到的韵母

1. an	2. ang	3. eng	4. in	5. e
6. uo	7. ai	8. ao	9. ie	10. ui

(三)听录音,画出听到的声调

1. jiáo	2. wěn	3. pèng	4. yōu	5. qǐng
6. xiàn	7. jiē	8. lí	9. lín	10. wáng
11. shuǐ	12. jué			

(四)听录音,画出听到的音节

A组

1. mǎ	2. dí	3. jiào	4. shuí	5. zhōng
6. guó	7. wáng	8. shén	9. ne	10. qǐng
11. zì	12. nǔ			

B组

1. lín	2. guì	3. wèn	4. nǔ	5. xiān
6. shēng	7. zhōng	8. jié	9. shéi	10. qǐng
11. hǎo	12. kè			

(五)在横线上填出听到的音节

1. bù(不)　2. dà(大)　3. nǎ(哪)　4. kè(克)

5. zài（在） 6. gāo（高） 7. shàng（上） 8. wèn（问）

（六）听后跟读生词

1. 叫 2. 中文 3. 名字 4. 谁
5. 中国 6. 朋友 7. 先生 8. 什么
9. 称呼 10. 请问 11. 贵姓 12. 怎么

（七）在横线上填出听到的音节

1. 你__hǎo__（你好） 2. 你__men__（你们） 3. __hěn__忙（很忙）
4. __bú__饿（不饿） 5. 爸__ba__（爸爸） 6. 对__bu__起（对不起）

二　句子练习

（一）听句子，选择正确答案

1. 先生，请问您怎么称呼？【B】
2. 老师，请问您贵姓？【A】
3. 他有一个中国朋友。【C】
4. 今天星期日。【B】
5. 我去饭馆儿。【C】
6. 她很忙。【C】
7. 我学习汉语。【B】
8. 我很饿，我去饭馆儿吃饭。【B】

（二）听后选择合适的回答

1. 你爸爸忙吗？【A】
2. 你饿吗？【B】
3. 谢谢。【B】
4. 请问您怎么称呼？【B】
5. 你去哪儿？【B】
6. 你叫什么名字？【A】

三　对话理解

（一）听对话，选择正确答案

1. 男：玛丽，我去食堂，你去吗？
   女：我不去，我去饭馆儿。
   问：女的去哪儿？　【B】
2. 女：你叫王林吗？
   男：我不叫王林，我叫王龄。
   问：男的叫什么名字？　【B】
3. 男：安娜，今天星期几？
   女：今天星期天。
   问：明天星期几？　【A】
4. 男：小王，你爸爸、妈妈忙吗？
   女：我爸爸很忙，妈妈不太忙。
   问：谁很忙？　【B】

（二）听长对话，选择正确答案

对话一

女：杰克，明天星期几？

男：明天星期一。

女：明天你去哪儿？

男：我去北京，你去不去？

女：我不去，我学习汉语。

问：1. 明天星期几？　【A】

　　2. 男的明天去哪儿？　【A】

　　3. 女的明天做什么？　【C】

对话二

男：你好！请问您贵姓？

女：我姓王。请问您怎么称呼？

男：我的中文名字叫麦克。

女：您学习汉语吗？

男：对。

问：1. 男的是谁？ 【B】

2. 下面哪句话是对的？ 【C】

四　短文理解

短文　我叫玛丽

我叫玛丽，我学习汉语。我的中国朋友叫王林。今天星期五，我很忙，我去食堂吃饭。明天星期六，我不上课，我和王林去饭馆儿吃饭。

听短文，判断正误（对的画“√”，错的画“×”）

【1.×　2. √　3. √　4.×】

第六课

我们都是美国人

一 语音与词语练习

(一)听录音,画出听到的声母

1. qí(其) 2. hē(喝) 3. shí(十) 4. rè(热) 5. cì(次)
6. zǐ(子) 7. qī(七) 8. fú(服) 9. lǐ(里) 10. chí(迟)

(二)听录音,画出听到的韵母

1. lù(路) 2. jīn(斤) 3. yáng(阳) 4. yuè(月) 5. yún(云)
6. yāo(腰) 7. yán(颜) 8. yǒng(永) 9. yuǎn(远) 10. yàn(艳)

(三)听后标出声调

1. mā(妈) 2. jǐ(几) 3. jiě(姐) 4. nín(您)
5. mèi(妹) 6. qǐng(请) 7. nán(男) 8. duō(多)
9. yǔsǎn(雨伞) 10. bù lái(不来) 11. bú qù(不去) 12. tóngxué(同学)

(四)听录音,画出听到的音节

1. nǎ(哪) 2. duì(对) 3. měi(美) 4. rén(人)
5. shàng(上) 6. hǎi(海) 7. liú(留) 8. jīng(京)
9. xué(学) 10. nán(男) 11. ba(吧) 12. guó(国)
13. yě(也) 14. dōu(都) 15. guó(国) 16. běi(北)
17. xué(学) 18. gǎi(改)

(五)在横线上填出听到的音节

1. yě(也) 2. dōu(都) 3. duì(对) 4. rén(人)
5. nà(那) 6. guó(国) 7. měi(美) 8. tiān(天)

(六)听后跟读生词

1. 哪国人 2. 哪里 3. 美国人 4. 北京人 5. 上海人

6. 我们　　7. 都　　8. 也　　9. 对　　10. 请问

11. 日本　　12. 男　　13. 留学生　　14. 韩国

(七)在横线上填出听到的音节

1. __Rì__本(日本)　　2. 我__men__(我们)　　3. 哪__guó__人(哪国人)

4. __liú__学生(留学生)　　5. __nán__同学(男同学)　　6. 北__jīng__(北京)

二　句子练习

(一)听问题,用正确的重音和语调回答

1.(1)你妈妈'忙吗?　　[我妈妈'忙。]

(2)你'妈妈忙吗?　　[我'妈妈忙。]

(3)'谁妈妈忙?　　['我妈妈忙。]

2.(1)你去'哪儿?　　[我去'食堂。]

(2)你去'食堂吃饭吗?　　[我去'食堂吃饭。]

(3)你去食堂'吃饭吗?　　[我去食堂'吃饭。]

(4)你'去食堂吗?　　[我'去食堂。]

3.(1)麦克'学习汉语吗?　　[麦克'学习汉语。]

(2)麦克学习'汉语吗?　　[麦克学习'汉语。]

(3)'谁学习汉语?　　['麦克学习汉语。]

4.(1)今天星期'几?　　[今天星期'二。]

(2)'今天星期二吗?　　['今天星期二。]

(3)今天星期'二吗?　　[今天星期'二。]

5.(1)你是'哪国人?　　[我是'美国人。]

(2)'谁是美国人 ?　　['我是美国人。]

(3)'你是美国人吗?　　['我是美国人。]

(4)你是'美国人吗?　　[我是'美国人。]

6.(1)你叫'什么名字?　　[我叫'王林。]

(2)'你叫王林?　　['我叫王林。]

(3)你叫'王林?　　[我叫'王林。]

(4)'谁叫王林?　　['我叫王林。]

(二)听后选择合适的回答

1. 你弟弟学汉语吗？ 【B】
2. 他是英国人吗？ 【A】
3. 对不起。 【A】
4. 请问你是哪国人？ 【A】
5. 那个男同学也是日本人吧？ 【A】
6. 她是哪里人？ 【C】

三　对话理解

(一)听对话，选择正确答案

1. 女：您好，我姓石，请问您贵姓？
   男：我也姓石。您好！
   问：男的姓什么？ 【A】
2. 男：安妮，我去食堂，你去吗？
   女：我也去。
   问：女的去哪儿？ 【A】
3. 男：那个学生是日本人吧？
   女：不，他是我的中国朋友。
   问：那个学生是哪国人？ 【B】
4. 女：李明，你爸爸、妈妈都是上海人吗？
   男：我爸爸是上海人，妈妈是北京人。
   问：下面哪句话是对的？ 【C】

(二)听长对话，选择正确答案

对话一

女：你是杰克吗？

男：对。你叫什么名字？

女：我叫王京，你是哪国人？

男：我是美国人，你也是吗？

女：不是，我是法国人。

问：1. 女的叫什么名字？ 【A】

2. 女的是哪国人？ 【B】

3. 下面哪个句子是对的？ 【C】

对话二

男：玛丽，那个女同学是谁？

女：她不是学生，她是我的汉语老师——王老师。

男：她是哪里人？

女：她是北京人。那个男同学是日本人吧？

男：对，我和他都是日本人。

问：1. 王老师是哪里人？ 【A】

2. 男的是哪国人？ 【C】

3. 下面哪个句子是对的？ 【B】

四　短文理解

短文　我是天津人

我叫王美，是天津人，我在北京大学学习法语。李明是我的男朋友，他不是天津人，他是北京人，他也在北京大学学习。他不学法语，他学英语。明天我们都去上海。

（一）听第一遍，选择正确答案

1. 王美是哪里人？ 【B】

2. 李明是谁？ 【B】

3. 王美学习什么？ 【A】

（二）听第二遍，判断正误（对的画"√"，错的画"×"）

【1. √　2. ×　3. ×　4. √】

（三）听第三遍，在横线上填出听到的音节

1. 我__jiào__王美，我在北京__dàxué__学习法语。

2. 李明是我的__nán péngyou__，他在北京大学学习__Yīngyǔ__。

3. 我是__Tiānjīn__人，李明是__Běijīng__人。

4. __Míngtiān__我们都去__Shànghǎi__。

第七课

我女朋友今年二十一岁

一　语音与词语练习

（一）听后跟读生词

1. 漂亮　2. 今年　3. 奶奶　4. 年纪　5. 身体
6. 几岁　7. 多大　8. 九　9. 小　10. 真
11. 猜　12. 百　13. 千　14. 万

（二）听录音，画出听到的音节

1. A. shí（十）　2. B. cāi（猜）　3. C. zhè（这）
4. A. zhēn（真）　5. B. xiǎo（小）　6. A. jǐ（几）
7. A. jiǔ（九）　8. A. shēntǐ（身体）　9. B. jīnnián（今年）
10. C. piàoliang（漂亮）

（三）在横线上填出听到的音节

1. __xiǎo__朋友（小朋友）　2. 年__jì__（年纪）　3. __shēn__体（身体）
4. __nǎi__奶（奶奶）　5. 漂__liang__（漂亮）　6. 今__nián__（今年）

（四）听后标出声调

1. mǎijiā（买家）　2. màijiā（卖家）　3. dàxué（大学）
4. dàxuě（大雪）　5. dàgài（大概）　6. dǎkāi（打开）
7. yóubiān（邮编）　8. yòubian（右边）　9. xiàtiān（夏天）
10. xiàbian（下边）　11. fùxí（复习）　12. fúqì（服气）

（五）听录音，选择听到的句子

1. Zhè shì nǐ nǚ péngyou ma?（这是你女朋友吗？）　【A】
2. Nín jīnnián duō dà?（您今年多大？）　【A】
3. Nín de shēntǐ zhēn hǎo.（您的身体真好。）　【A】

4. Nǐ jīnnián jiǔ suì.（你今年九岁。） 【B】

5. Tā yǒu qī-bā wàn.（他有七八万。） 【B】

6. Tā zhēn xǐhuan Zhōngguó.（他真喜欢中国。） 【A】

7. Zhè shì yí jiàn lǜ xīfú.（这是一件绿西服。） 【B】

8. Tā èrshí suì le.（他二十岁了。） 【A】

二　句子练习

（一）听后选择合适的回答

1. 他今年多大？ 【C】

2. 你今年几岁？ 【B】

3. 您今年多大年纪？ 【A】

4. 这是你的女朋友吗？ 【A】

5. 你明年几年级？ 【C】

6. 您身体好吗？ 【B】

（二）听句子，判断正误（对的画"√"，错的画"×"）

1. 我不去食堂吃饭，我去饭馆儿吃饭。 （×）

2. 爸爸很忙，妈妈也很忙。 （√）

3. 我和我女朋友都学习汉语。 （√）

4. 奶奶今年八十一岁，身体很好。 （×）

5. 我女朋友叫玛丽，她很漂亮。 （√）

三　对话理解

（一）听对话，选择正确答案

1. 女：爸爸今年多大？

男：他今年四十五岁。

问：爸爸明年多大？ 【C】

2. 女：阿里，那个留学生真漂亮啊！

男：她是我的同学，法国人，叫玛丽。

问：下面哪句话对？【C】

3. 女：麦克，我今年二十岁，你呢？

男：我也是。

问：男的今年多大？【B】

4. 女：美国学生七岁去学校，中国呢？

男：中国也是。

问：中国学生几岁去学校？【C】

5. 男：奶奶，您今年多大年纪？

女：奶奶去年七十岁，明年七十二岁。

问：奶奶今年多大年纪？【C】

（二）听长对话，选择正确答案

对话一

男：奶奶，您身体好吗？

女：很好。明明，你在美国忙吗？

男：我学习很忙。奶奶，今天是您的七十岁生日，您生日快乐！

女：谢谢明明。

问：1. 男的在哪儿？【B】

2. 奶奶今年多大年纪？【A】

3. 下面哪个句子对？【C】

对话二

男：妈妈你看，那是我的汉语老师。

女：很漂亮啊。她是哪里人？

男：她是北京人。

女：老师今年多大？

男：她今年三十岁。

问：1. 女的是谁？【A】

2. 汉语老师今年多大？【B】

3. 下面哪个句子对？【A】

四 短文理解

短文 我今年二十岁

我叫麦克，今年二十岁，我是美国人。我女朋友叫玛丽，她是法国人，今年也是二十岁，她很漂亮。明年我们都去中国留学，她去北京学汉语，我去天津学汉语。

（一）听第一遍，选择正确答案

1. 麦克的女朋友今年多大？【B】
2. 玛丽去哪儿学习汉语？【A】
3. 他们来中国学习什么？【A】

（二）听第二遍，判断正误（对的画"√"，错的画"×"）

【1. √ 2. × 3. × 4. √】

（三）听第三遍，在横线上填出听到的音节

1. 我__jīnnián__二十岁，我是__Měiguórén__。
2. 玛丽今年也是__èrshí suì__，她是__Fǎguórén__。
3. 玛丽很__piàoliang__。
4. 我和女朋友都__xuéxí__汉语。
5. __Míngnián__我和女朋友都去中国留学。

第八课

你家有几口人

一 语音与词语练习

(一)听后跟读生词

1. 家	2. 口	3. 没有	4. 和	5. 半
6. 孩子	7. 弟弟	8. 妹妹	9. 姐姐	10. 儿子
11. 女儿	12. 妻子	13. 哥哥	14. 医生	

(二)听录音,画出听到的音节

1. B. jiā(家)	2. A. nǚ(女)	3. B. jiě(姐)
4. B. kǒu(口)	5. A. gē(哥)	6. B. bàn(半)
7. B. yǒu(有)	8. C. mèimei(妹妹)	9. B. háiyǒu(还有)
10. A. yīshēng(医生)		

(三)在横线上填出听到的音节

1. 女__ér__(女儿)	2. 还__yǒu__(还有)	3. __yī__生(医生)
4. 孩__zi__(孩子)	5. __méi__有(没有)	6. __jiě__姐(姐姐)

(四)标出画线词语的声调

1. __Chāoshì__ yǒu hěn duō kāfēi.(超市有很多咖啡。)
2. __Shǔjià__ nǐ qù nǎr?(暑假你去哪儿?)
3. Tā xiǎng xīngqīrì __huí guó__.(他想星期日回国。)
4. Wǒ qù nàr mǎi __cháyè__.(我去那儿买茶叶。)
5. Míngtiān shì wǒ bàba de __shēngrì__.(明天是我爸爸的生日。)
6. Mǎlì zài __jiàoshì__ xuéxí.(玛丽在教室学习。)
7. Nǐ __chàng gē__ zhēn hǎotīng.(你唱歌真好听。)
8. Nǐ de __àihào__ shì shénme?(你的爱好是什么?)

（五）听录音，选择听到的句子

1. Tā mǎi píngguǒ.（他买苹果。） 【A】
2. Wǒ jiā yǒu sìshí kǒu rén.（我家有四十口人。） 【B】
3. Zhè shì wǒ de qīzi.（这是我的妻子。） 【A】
4. Tā de yìshēng hěn hǎo.（他的一生很好。） 【B】
5. Nǐ de yǎnjìng hěn piàoliang.（你的眼镜很漂亮。） 【B】
6. Wǒ de lǎoshī xìng Liú.（我的老师姓刘。） 【A】
7. Tā bù tīng Hányǔ kè.（他不听韩语课。） 【B】
8. Wǒ hái yǒu yí ge érzi.（我还有一个儿子。） 【A】

二　句子练习

（一）听句子，选择正确答案

1. 我哥哥是老师，我姐姐是医生。
   问：谁是医生？ 【A】
2. 李老师家有小狗，没有小猫。
   问：李老师家有什么？ 【A】
3. 王先生有三个孩子，两个儿子，一个女儿。
   问：王先生有几个儿子？ 【B】
4. 同学们，请坐，我们上课。
   问：说话人是谁？ 【C】
5. 明天星期日，我去北京。
   问：今天星期几？ 【B】
6. 食堂人很多，我们去饭馆儿吃饭吧。
   问：他们去哪儿吃饭？ 【B】
7. 我家有爸爸、妈妈、姐姐和我。
   问：他家有几口人？ 【B】
8. 王丽不是中国人，她是日本人。
   问：王丽是哪国人？ 【C】

（二）听句子，判断正误（对的画"√"，错的画"×"）

1. 我和我妻子都是北京人。（√）
2. 我姐姐是老师，弟弟是学生。（×）
3. 我女朋友的妹妹很漂亮。（×）
4. 我弟弟在中国留学。（√）
5. 这是我的中国朋友，他今年二十岁。（×）

三　对话理解

（一）听对话，选择正确答案

1. 女：小王，你女儿今年几岁？
   男：三岁半。
   问：小王的女儿明年多大？【C】
2. 女：李先生，你妻子和你都是法国人吗？
   男：不，她是中国人，我是法国人。
   问：男的的妻子是哪国人？【B】
3. 女：麦克，你有没有哥哥姐姐？
   男：我没有哥哥，有一个姐姐。
   问：下面哪句话对？【C】
4. 男：王京，那只漂亮的小狗是谁的？
   女：是我男朋友的。
   问：谁有一只漂亮的小狗？【C】
5. 男：安娜，你们学校有多少留学生？
   女：有三百个美国留学生和一百个日本留学生。
   问：安娜的学校有多少留学生？【A】
6. 男：姐姐，你饿吗？
   女：很饿，我们去吃饭吧。
   问：男的是女的的什么人？【A】

(二)听长对话,选择正确答案

对话一

女:杰克,你有女朋友吗?

男:有啊,你看这是我女朋友的照片。

女:她真漂亮啊!她今年多大?

男:她今年二十岁,在美国留学。

问:1. 杰克的女朋友今年多大? 【B】

2. 杰克的女朋友在哪儿? 【A】

3. 下面哪个句子对? 【B】

对话二

男:王老师,您有哥哥姐姐吗?

女:我没有哥哥姐姐,有一个妹妹、一个弟弟。

男:您弟弟和妹妹也是老师吗?

女:我妹妹也是老师,弟弟是医生。

问:1. 王老师有几个妹妹? 【A】

2. 男的可能是女的的什么人? 【B】

3. 下面哪个句子对? 【C】

四 短文理解

短文一 我们在中国很快乐

去年我来中国学习汉语,今年我妻子和孩子们也来了。我有一个儿子和一个女儿。我妻子是老师,儿子是医生,女儿今年十岁,她也在学校学汉语。我家还有一只猫,我们在中国很快乐。

(一)听第一遍,选择正确答案

1. 他家有几口人? 【B】
2. 女儿今年几岁? 【A】
3. 谁学习汉语? 【C】

（二）听第二遍，判断正误（对的画“√”，错的画“×”）

【1.×　2. √　3.×　4.×】

（三）听第三遍，在横线上填出听到的音节

1. 我__qùnián__来中国学习汉语。

2. 今年我的__qīzi__和孩子们也来中国了。

3. 我有一个__érzi__和一个__nǚ'ér__。

4. 我妻子是__lǎoshī__，我儿子是__yīshēng__。

短文二　北京大学很大

我叫麦克，是法国人，今年来中国学习汉语，我的大学是北京大学。北京大学很大，有很多中国学生，也有很多外国留学生，老师也很多。我们班有三位老师，他们都很好，还有十七位留学生。

（一）听第一遍，选择正确答案

1. 麦克在哪个大学学习？【C】

2. 麦克的班有多少学生？【B】

3. 下面哪个句子对？【A】

（二）听第二遍，在横线上填出听到的汉字

1. 我叫麦克，__今年__来中国学习汉语。

2. __北京大学__很大，有很多中国学生，也有很多外国留学生。

3. 我们班有三位__老师__，他们__都__很好。

4. 我们班还有十七位__留学生__。

第九课

你星期天做什么

一　语音与词语练习

(一)听后跟读生词

1. 回家　2. 回国　3. 房间　4. 明天见　5. 走吧
6. 吃饭　7. 做饭　8. 知道　9. 来中国　10. 早上
11. 睡觉　12. 写字　13. 看书　14. 读课文　15. 玩儿
16. 时间　17. 喜欢　18. 为什么

(二)听录音,画出听到的音节

1. A. chá(茶)　2. B. bìng(病)　3. A. jiē(接)
4. A. hé(和)　5. A. dàxué(大学)　6. C. diànshì(电视)
7. B. liùlóu(六楼)　8. C. yǒushìr(有事儿)　9. B. hēchá(喝茶)
10. A. liúxuéshēng(留学生)

(三)在横线上填出听到的音节

1. 房__jiān__(房间)　2. 喜__huan__(喜欢)　3.__zhī__道(知道)
4. __shuì__觉(睡觉)　5. 课__wén__(课文)　6. __xiě__汉字(写汉字)

(四)标出画线词语的声调

1. Wǒ péngyou de bàba shì __lǎobǎn__.(我朋友的爸爸是老板。)
2. Tā __juéde__ bú shàngkè méi guānxi.(他觉得不上课没关系。)
3. Shéi dōu xǐhuan piàoliang de __yīfu__.(谁都喜欢漂亮的衣服。)
4. Wǒ yě bù xǐhuan __xiàyǔ__ de tiānqì.(我也不喜欢下雨的天气。)
5. Jīntiān tā méiyǒu __chīfàn__ jiù lái shàngkè le.(今天他没有吃饭就来上课了。)
6. Nǐ __tīngdǒng__ wǒ shuō de huà le ma?(你听懂我说的话了吗?)
7. Méi shìr de __shíhou__ wǒ jiù kàn diànshì.(没事儿的时候我就看电视。)

8. Jīntiān zǎodiǎnr ___shuìjiào___ ba.（今天早点儿睡觉吧。）

（五）听录音，选择听到的句子

1. Wǒmen de fàndiàn bú tài dà.（我们的饭店不太大。） 【B】

2. Zhège jiǎozi tài dà le.（这个饺子太大了。） 【A】

3. Duìbuqǐ, wǒ chídào le.（对不起，我迟到了。） 【A】

4. Wǒmen bān yǒu shísì ge tóngxué.（我们班有十四个同学。） 【B】

5. Zhōngguórén de chēnghu yǒu hěn duō.（中国人的称呼有很多。） 【A】

6. Nǐ cāi wǒmen jiā gǒu jiào shénme míngzi?（你猜我们家狗叫什么名字？） 【B】

7. Tiānjīn de fángzi fēicháng duō.（天津的房子非常多。） 【A】

8. Wèi shénme yào qù Fǎguó ne?（为什么要去法国呢？） 【A】

二　句子练习

（一）听句子，选择正确答案

1. 我不去饭馆儿，我回我的房间。

   问：他回哪儿？ 【B】

2. 妈妈不知道爸爸回家了。

   问：妈妈不知道什么？ 【A】

3. 马克很喜欢学习汉语。

   问：马克很喜欢什么？ 【C】

4. 星期天下午大卫来我的家。

   问：星期天下午谁来他的家？ 【C】

5. 哥哥在房间睡觉呢。

   问：哥哥在做什么呢？ 【A】

6. 妈妈很累，要回家休息。

   问：妈妈要做什么？ 【B】

7. 我不知道那个女同学的名字。

   问：他不知道谁的名字？ 【B】

8. 今天我很忙，没有时间玩儿。

问：今天他没有时间做什么？ 【C】

9. 安娜喜欢早上读课文。

问：安娜喜欢早上做什么？ 【B】

10. 王京不喜欢去朋友家吃饭。

问：王京不喜欢去哪儿吃饭？ 【A】

（二）听句子，判断正误（对的画"√"，错的画"×"）

1. 明天朋友们来我家吃饭。 （×）
2. 我的两个哥哥都有女朋友。 （√）
3. 我喜欢写汉字，也喜欢读课文。 （×）
4. 爸爸很忙，他今天没时间和孩子们玩儿。 （×）
5. 今天早上我们都不饿。 （×）

三　对话理解

（一）听对话，选择正确答案

1. 男：丽丽，明天是星期天，你做什么？

女：明天朋友们来我家，我和他们玩儿。

问：女的明天要做什么？ 【B】

2. 女：我们去饭馆儿吃饭，好吗？

男：我不喜欢去饭馆儿，我们在家吃吧。

问：男的要在哪儿吃饭？ 【C】

3. 男：王京，明天下午你有时间吗？

女：明天下午我和安娜去看王老师。

问：明天下午女的和谁去看老师？ 【A】

4. 女：大卫，这个星期天你去哪儿玩儿？

男：不去玩儿，我很忙，要做很多事。

问：男的是什么意思？ 【A】

5. 男：玛丽，明天你来我家吃饭好吗？

女：好的，谢谢你，明天我不忙，有时间去。

问：女的明天做什么？ 【D】

6. 男：小美，今天你为什么要去上海？

女：我去看我的男朋友。

问：小美的男朋友在哪儿？ 【C】

（二）听长对话，选择正确答案

对话一

女：亚当，明天早上你有时间吗？

男：明天是星期六，早上我睡觉，你有事儿吗？

女：我们去安娜的房间看看她好吗？她今天身体不好。

男：我不知道啊，那好，明天早上我们去看她。

问：1. 星期六早上亚当做什么？ 【B】

2. 明天早上女的要做什么？ 【C】

3. 女的为什么要去看安娜？ 【A】

对话二

男：小美，你喜欢写汉字吗？

女：不太喜欢，写汉字太难了，我喜欢读课文。

男：我很喜欢写汉字，写汉字很有意思。

女：是吗？明天我们一起写汉字吧。

问：1. 小美喜欢什么？ 【B】

2. 男的喜欢什么？ 【A】

3. 下面哪句话是对的？ 【C】

四　短文理解

短文一　我的学生们

我叫王山，是天津大学的汉语老师。我的班里有十八个留学生，我很喜欢他们。玛丽是英国人，她很喜欢学汉语。阿里是个法国学生，他的朋友很多，他喜欢和朋友们玩儿。马丁很有意思，他说学习很难，他喜欢睡觉。

(一)听第一遍,选择正确答案

1. 王山在天津大学做什么?【B】

2. 阿里是哪国人?【C】

3. 谁说很喜欢睡觉?【A】

4. 下面哪个句子是对的?【D】

(二)听第二遍,在横线上填出听到的汉字

1. 我的班里有十八个学生,我很__喜欢__他们。

2. 玛丽是__英国__人,她很喜欢学习汉语。

3. 法国学生阿里喜欢和__朋友们__玩儿。

4. 马丁说学习很难,他喜欢__睡觉__。

短文二　他们都很忙

大卫、阿里和马丁都是北京大学的留学生,他们都在三班学习,他们是同学也是好朋友。今天星期六,学校不上课。大卫的爸爸要来北京,大卫去北京机场接他。阿里喜欢运动,今天他去爬山。马丁和女朋友去饭馆儿吃饭。他们都很忙。

(一)听第一遍,选择正确答案

1. 大卫、阿里和马丁都在哪个班学习?【D】

2. 谁要来北京看大卫?【B】

3. 阿里今天做什么?【A】

4. 马丁今天做什么?【B】

(二)听第二遍,回答问题

略

第十课

他去北京了

一　语音与词语练习

（一）听后跟读生词

1. 昨天　2. 上午　3. 中午　4. 下午　5. 晚上
6. 时候　7. 现在　8. 作业　9. 回来　10. 告诉
11. 给　12. 新　13. 怎么　14. 可能

（二）听录音，画出听到的音节

1. C. hái（还）　2. A. zhèr（这儿）　3. B. chéng（成）
4. C. gěi（给）　5. A. xīn（新）　6. A. yǐjīng（已经）
7. B. shíhou（时候）　8. B. shàngwǔ（上午）　9. B. dànshì（但是）
10. C. kǎoshì（考试）

（三）在横线上填出听到的音节

1. __wǎn__上（晚上）　2. 可__néng__（可能）　3. __zěn__么（怎么）
4. 昨__tiān__（昨天）　5. 告__su__（告诉）　6. __xiàn__在（现在）

（四）标出画线词语的声调

1. Dānní de fángjiān hěn __gānjìng__.（丹尼的房间很干净。）
2. Liúxuéshēng __sùshè__ yǒu diànshì ma?（留学生宿舍有电视吗？）
3. Nǎinai shēntǐ hěn __jiànkāng__.（奶奶身体很健康。）
4. Wáng Lín __zuìjìn__ máng shénme ne?（王林最近忙什么呢？）
5. Xiàkè __yǐhòu__ nǐ qù nǎr chīfàn?（下课以后你去哪儿吃饭？）
6. Wǒ méiyǒu gàosu tā zhège __xiāoxi__.（我没有告诉他这个消息。）
7. Nǐ de Zhōngwén míngzi zhēn __hǎotīng__.（你的中文名字真好听。）
8. Jīntiān wǎnshàng yǒu shénme __dǎsuàn__?（今天晚上有什么打算？）

(五)听录音，选择听到的句子

1. Tóngxuémen kěyǐ xiūxi yí xiàr.(同学们可以休息一下儿。) 【A】
2. Wǒ xiànzài yào qù shuìjiào.(我现在要去睡觉。) 【B】
3. Xiānsheng, yào jiā diǎnr tāng ma?(先生，要加点儿汤吗？) 【B】
4. Ài chī jiǎozi de duō shì běifāngrén.(爱吃饺子的多是北方人。) 【B】
5. Zhège háizi zhēn kě' ài.(这个孩子真可爱。) 【A】
6. Tā měi cì dōu chéng hěn duō fàn.(他每次都盛很多饭。) 【B】
7. Wǒmen jìxù zhège gùshi.(我们继续这个故事。) 【A】
8. Lǐ xiānsheng shōudàole hěn duō tōngzhī.(李先生收到了很多通知。) 【B】

二　句子练习

(一)听句子，选择正确答案

1. 我喜欢喝茶。 【C】
2. 大卫昨天上午去北京了。 【A】
3. 昨天的作业做了没有？ 【A】
4. 他已经睡觉了。 【A】
5. 他们的第二个孩子是儿子。 【C】
6. 亚当，你不是病了吗？怎么来上课了？
   问：亚当现在在哪儿？ 【A】
7. 我们今天考试了，可能星期三知道成绩。
   问：今天可能是星期几？ 【C】
8. 这个字我已经问老师了，读“那”，不读“哪”。
   问：他知道这个字读什么了吗？ 【A】
9. 大卫，已经上课了，你怎么还在这儿？
   问：大卫不可能在哪儿？ 【B】
10. 哥哥去北京看朋友了，今天下午回来。
    问：哥哥什么时候回来？ 【C】

（二）听句子，判断正误（对的画"√"，错的画"×"）

1. 昨天的作业我给老师了。（√）
2. 亚当回国了，但是没回家。（×）
3. 他儿子没有告诉他考试成绩。（√）
4. 同学们，今天我们学习新课。（√）
5. 中午我去饭馆儿吃饭了。（√）

三　对话理解

（一）听对话，选择正确答案

1. 女：艾伦，你哥哥去医院了吗？
   男：没有，他在家睡觉呢。
   问：谁病了？【C】
2. 女：李明，你知道王林去哪儿了吗？
   男：他去买东西了。
   问：王林现在可能在哪儿？【D】
3. 男：安娜，昨天你怎么没来上课？
   女：对不起，老师，昨天我去火车站接朋友了，回来的时候已经下课了。
   问：安娜昨天为什么没来上课？【A】
4. 男：玛丽，你做的饭真好吃！
   女：真的吗？你喜欢明天我再给你做。
   问：他们可能在哪儿？【C】
5. 男：对不起，老师，我来晚了。
   女：没关系，现在还没上课呢。
   问：他们可能在哪儿？【A】
6. 女：爸爸，你说我们家谁漂亮？
   男：嗯……你妈妈，你姐姐，你妹妹，还有你，你们四个人都漂亮。
   问：他们家可能有几口人？【D】

（二）听长对话，选择正确答案

对话一

女 1：安娜，已经很晚了，你还不睡觉？

女 2：不睡，我还要再看看书。

女 1：你不累吗？

女 2：谁说我不累？但是明天上午有汉语考试啊……

问：1. 安娜现在要做什么？　【B】

2. 什么时候有考试？　【B】

3. 安娜累吗？　【A】

对话二

女：王林，听说你妻子病了，现在好了吗？

男：还没好，现在在家休息呢。

女：是吗？那你早点儿回家吧。

男：好的，太谢谢您了！

问：1. 谁病了？　【C】

2. 王林现在不可能在哪儿？　【A】

3. 女的最可能是王林的什么人？　【B】

四　短文理解

短文一　已经上课了

同学们，已经上课了，都进来吧，请坐好，现在我们上课。今天我们班有两个同学没有来，同学们谁知道他们为什么没来，下课后请告诉我。好，今天我们学习第十课。

（一）听第一遍，选择正确答案

1. 说话人是什么人？　【B】
2. 今天几个同学没来？　【B】
3. 今天学习第几课？　【A】
4. 他们现在在哪儿？　【D】

（二）听第二遍，在横线上填出听到的汉字

1. 同学们，已经__上课__了。

2. 都进来吧，请__坐好__。

3. 谁__知道__他们为什么没来？

4. 今天我们学习__第十课__。

（三）听第三遍，复述内容

略

短文二　同学们的星期六

今天星期六，同学们都去玩儿了。上午比尔和女朋友去公园了，安娜去商店买东西了。中午亚当和中国朋友去饭馆儿吃饭了。麦琪喜欢学习，她说她的房间太小，她去教室看书了。我呢？哪儿也不去，在房间睡觉也很好啊。

（一）听第一遍，选择正确答案

1. 今天比尔去哪儿了？【B】

2. 安娜去商店做什么了？【C】

3. 麦琪说她房间怎么了？【D】

4. 说话人星期六在哪儿？【A】

（二）听第二遍，在横线上填出听到的汉字

1. 今天星期六，同学们都去__玩儿__了。

2. 安娜去商店__买__东西了。

3. 麦琪__喜欢__学习。

4. 麦琪说她的__房间__太小。

（三）听第三遍，复述内容

略

第十一课

我们买了一些水果

一　语音与词语练习

(一)听后跟读生词

1. 水果	2. 苹果	3. 西瓜	4. 香蕉	5. 面条
6. 鸡蛋	7. 多少钱	8. 便宜	9. 贵	10. 块
11. 元	12. 毛	13. 买	14. 卖	15. 斤
16. 要	17. 一共	18. 一点儿	19. 一些	20. 生病

(二)听录音，画出听到的音节

1. B. qián(钱)	2. A. yào(药)	3. B. jīn(斤)
4. C. mǎi(买)	5. A. máo(毛)	6. B. jiǎo(角)
7. C. piányi(便宜)	8. A. fēn(分)	9.B. guā(瓜)
10. A. kuài(块)		

(三)在横线上填出听到的音节

1. 生__bìng__(生病)	2. 多少__qián__(多少钱)	3. __xiāng__蕉(香蕉)
4. __yí__共(一共)	5. __yì__些(一些)	6. 服务__yuán__(服务员)

(四)标出画线词语的声调

1. Tángnà jīntiān __gǎnmào__ le.(唐娜今天感冒了。)
2. Nǐ yào chī miàntiáor háishì __mǐfàn__?(你要吃面条儿还是米饭?)
3. Piányi de dōngxi kěnéng __zhìliàng__ bù hǎo.(便宜的东西可能质量不好。)
4. Xiǎo Wáng gěile wǒ yìxiē __zhōngyào__.(小王给了我一些中药。)
5. Fúwùyuán, lái yì wǎn __miàntiáor__.(服务员，来一碗面条儿。)
6. Wǒ jiějie hěn xǐhuan chī __shuǐguǒ__.(我姐姐很喜欢吃水果。)
7. Qǐng wèn, __xiāngjiāo__ yì jīn duōshao qián?(请问，香蕉一斤多少钱?)

8. Tā jiā li yǒu sì-wǔ zhī <u>xiǎo māo</u>.（他家里有四五只小猫。）

（五）听录音，选择听到的句子

1. Wǒ hái yǒu yìxiē jīdàn.（我还有一些鸡蛋。）【A】
2. Yùndòngyuán shāng bìng hěn yǐngxiǎng bǐsài.（运动员伤病很影响比赛。）【B】
3. Wǒ xiǎng kàn yí xiàr shū.（我想看一下儿书。）【B】
4. Màikè yǒu sān-sì ge Zhōngguó péngyou.（麦克有三四个中国朋友。）【A】
5. Nǐ màile duōshao běn shū?（你卖了多少本书？）【B】
6. Wǒ méi yǒu qián, bù néng bāng nǐ.（我没有钱，不能帮你。）【A】
7. Nǐ hái xiǎng jìxù děng xià qù ma?（你还想继续等下去吗？）【B】
8. Zhège bēizi zhēn piàoliang.（这个杯子真漂亮。）【B】

二　句子练习

（一）听句子，选择正确答案

1. 西瓜怎么卖？【C】
2. 张先生喜欢吃米饭。【A】
3. 哥哥去买肉了，还没回来。【B】
4. 他女儿已经十七八岁了。【A】
5. 乔治生病了，咱们去看看他吧。【B】
6. 弟弟病了，爸爸上午给他买了一些药。
   问：爸爸上午可能去哪儿了？【A】
7. 姐姐有十本中文书，昨天给了我两本。
   问：现在姐姐有几本中文书？【C】
8. 苹果五块钱一斤，我买了两斤。
   问：苹果一共多少钱？【B】
9. 他们班可能十五六个学生。
   问：他们班可能有多少个学生？【C】
10. 一共四十六块，您给了五十，我找您四块。
    问：花了多少钱？【A】

（二）听句子，判断正误（对的画"√"，错的画"×"）

1. 杰克中午吃了一碗面条。 （√）
2. 海伦生病了，我们去看看她吧。 （×）
3. 西瓜三块钱一斤。 （×）
4. 我猜王老师的儿子可能五六岁吧。 （√）
5. 安娜昨天花了五六百块钱。 （√）

三　对话理解

（一）听对话，选择正确答案

1. 女：大卫，你吃饭了吗？
   男：吃了点儿面包、一个鸡蛋和一些水果。
   问：男的没吃什么？ 【B】
2. 女：麦克，同学们都来看你了，你好点儿了吗？
   男：谢谢大家！今天我好多了。
   问：麦克可能怎么了？ 【B】
3. 男：珍妮，你喜欢吃什么水果？
   女：香蕉、草莓、苹果我都很喜欢。
   问：哪个水果珍妮没有说？ 【A】
4. 男：这些苹果一共多少钱？
   女：一共二十六块五，您给二十六块吧。
   问：男的花了多少钱？ 【C】
5. 男：您好，鸡蛋怎么卖？
   女：四块钱一斤。
   问：买三斤鸡蛋要花多少钱？ 【D】
6. 女：亚当，你真喜欢学习啊，看了十来本书了。
   男：哈，这些都不是学习的书。
   问：下面哪个句子是对的？ 【D】

（二）听长对话，选择正确答案

对话一

女：你好，鸡蛋多少钱一斤？

男：四块二。

女：我买两斤，便宜点儿，我给你八块好吗？

男：好吧，您给了十块，找您两块。

问：1. 鸡蛋一斤多少钱？【B】

2. 女的买了几斤？【B】

3. 女的花了多少钱？【C】

对话二

女：小王，你都病了一个星期了，怎么还没好呢？

男：我也不知道……（咳嗽声）

女：你的药都吃了吗？

男：这个……唉，这个药真不好吃……

问：1. 小王病了几天了？【C】

2. 小王的病为什么还没好？【B】

四　短文理解

短文一　买水果

今天星期六，亨利和阿里去买水果。苹果五块钱一斤，亨利说太贵了，他朋友亚当昨天买的苹果是四块五一斤。卖水果的人说："我的苹果很大，五块钱一斤，不贵啊。"阿里说："好吧，我们买两斤。"

（一）听第一遍，判断正误（对的画"√"，错的画"×"）

【1. √　2.×　3. √　4.×】

（二）听第二遍，在横线上填出听到的汉字

1. 星期六，亨利和阿里去__买__水果。

2. 亚当昨天买的__苹果__是四块五一斤。

3. 苹果五块__钱__一斤。

4. 卖 水果的人说："我的苹果很 大 ，不 贵 啊。"

（三）听第三遍，复述内容

略

短文二 安妮病了

昨天安妮没有来上课，她生病了，在房间休息。亨利和阿里去看安妮，他们买了一些水果。安妮说她的病已经好多了，谢谢同学们来看她。阿里还要给安妮买饭，安妮说她已经吃了一点儿面条儿和一个鸡蛋，还吃了很多药。

（一）听第一遍，判断正误（对的画"√"，错的画"×"）

【1. √ 2.× 3.× 4.×】

（二）听第二遍，在横线上填出听到的汉字

1. 昨天 安妮没有来上课，她 生病 了。

2. 亨利和阿里给安妮买了 一些 水果。

3. 安妮说她好多了， 谢谢 同学们来看她。

4. 安妮已经吃了一点儿 面条儿 。

5. 安妮吃了很多 药 。

（三）听第三遍，复述内容

略

第十二课

现在几点

一　语音与词语练习

(一)听后跟读生词

1. 起床　2. 几点　3. 手机　4. 火车　5. 等
6. 小姐　7. 点　8. 分　9. 刻　10. 差
11. 照片　12. 地图　13. 一张票　14. 到

(二)听录音，画出听到的音节

1. A. zhāng(张)　2. B. líng(零)　3. B. piào(票)
4 . A. fēn(分)　5. A. děng(等)　6. B. zǎo(早)
7. A. kè(刻)　8. B. chuáng(床)　9. C. chà(差)
10. B. jǐ diǎn(几点)

(三)在横线上填出听到的音节

1. __zhào__片(照片)　2. __shǒu__机(手机)　3. 地__tú__(地图)
4. 售__piào__员(售票员)　5. 火__chē__(火车)　6. 分__zhōng__(分钟)

(四)标出画线词语的声调

1. Nǐ zuòguo Zhōngguó de __gāotiě__ ma?(你坐过中国的高铁吗?)
2. Wǒ zài __chēzhàn__ děng nǐ.(我在车站等你。)
3. Běijīng de __dìtiě__ hěn fāngbiàn.(北京的地铁很方便。)
4. Tāmen zuò __fēijī__ qù Guǎngzhōu.(他们坐飞机去广州。)
5. Wǒ mǎi yì zhāng qù __Shànghǎi__ de huǒchēpiào.(我买一张去上海的火车票。)
6. Nín chéngzuò de __hángbān__ mǎshàng jiù yào qǐfēi le.(您乘坐的航班马上就要起飞了。)
7. Qǐng zhùyì jiāotōng __ānquán__.(请注意交通安全。)
8. Hěn duō rén qí gòngxiǎng __dānchē__ qù shàngbān.(很多人骑共享单车去上班。)

(五)听录音，选择听到的句子

1. Zhè shì yí liàng huòchē.(这是一辆货车。) 【B】
2. Zhèlǐ yǒu zhōngyào de chéngfèn.(这里有中药的成分。) 【A】
3. Liǎng zhāng qù Běijīng de piào, yào shàngwǔ de.(两张去北京的票，要上午的。) 【A】
4. Wǎnshàng yǒu hěn duō jiémù.(晚上有很多节目。) 【B】
5. Měi ge rén de qǐdiǎn bù tóng.(每个人的起点不同。) 【A】
6. Xuéyuàn yǒu yìbǎi duō ge jiàoshī.(学院有一百多个教师。) 【A】
7. Duō pá duì háizi fāyù yǒu hǎochù.(多爬对孩子发育有好处。) 【B】
8. Zhāng xiānsheng yǒu hěn duō gāngbǐ.(张先生有很多钢笔。) 【B】

二　句子练习

(一)听句子，选择正确答案

1. 在天津大学，留学生八点半上课。 【C】
2. 现在差一刻五点。 【A】
3. 同学们坐大巴去北京。 【B】
4. 我们打的去吧。 【A】
5. 王小姐的手机很贵。 【C】
6. 现在四点零五分，吃饭还很早呢。
   问：他可能几点吃饭？ 【C】
7. 今天星期五，哥哥后天回来。
   问：哥哥星期几回来？ 【C】
8. 今天是二月十号。
   问：今天是几月几号？ 【B】
9. 我坐地铁去学校，打的去买东西。
   问：他怎么去买东西？ 【A】
10. 我们坐十点二十的火车，半个小时到北京。
    问：几点到北京？ 【B】

（二）听句子，判断正误（对的画"√"，错的画"×"）

1. 亚当的手机上是2015年，今年是2016年。（√）
2. 今天星期五，明天老师和同学们都休息。（×）
3. 这个考试一共九十分钟。（√）
4. 男人不都喜欢开车。（×）
5. 这地图上的字太小了，写的是什么呢？（√）

（三）听句子，回答问题

1. 一小时有多少分钟？
2. 一个半小时有多少分钟？
3. 一天有多少个小时？
4. 一个星期有几天？
5. 一个月有多少天？
6. 一年有多少个月？
7. 一年有多少天？

三　对话理解

（一）听对话，选择正确答案

1. 女：爸爸，我们坐几点的飞机啊？
   男：五点五十。还有两个小时呢。
   问：现在几点？【A】
2. 女：老师，我们什么时候考试？
   男：今天四月十号，还有两个多月吧。
   问：可能什么时候考试？【C】
3. 男：小姐，我买两张去北京的高铁票。
   女：好的，一共109块。
   问：一张去北京的高铁票多少钱？【B】
4. 男：玛丽，你晚上几点睡觉？
   女：嗯，十一点多吧。

问：女的可能几点睡觉？ 【D】

5. 男：安妮，你知道六月十七日的考试是星期几？

女：我看看，今天星期三，是十五号。

问：星期几有考试？ 【D】

6. 女：我们两个人，你怎么买了三张车票啊？

男：我女朋友也要去呢。

问：他们一共几个女的？ 【B】

（二）听长对话，选择正确答案

男1：吉米，已经八点二十了，你怎么还不起床？

男2：还很早呢，你叫什么啊！

男1：八点半要上课，起床吧！

男2：上什么课啊，今天是星期六。

男1：啊？！真的是星期六啊，对不起，你睡吧。

问：1. 现在几点？ 【B】

2. 吉米的朋友觉得今天星期几？ 【A】

3. 他们几点上课？ 【C】

四　短文理解

短文一　朱莉的一天

朱莉是一位法国留学生，她今天早上七点一刻起床，七点半去食堂吃早饭，八点去教室读二十分钟课文，八点半上课。中午十二点下课，朱莉回房间休息半个小时再去饭馆儿吃午饭。下午一点半上课，三点零五分下课。

（一）听第一遍，判断正误（对的画"√"，错的画"×"）

【1. √　2. ×　3. √　4. √】

（二）听第二遍，在横线上填出听到的汉字

1. 朱莉今天早上七点一刻__起床__。

2. 朱莉七点半去__食堂__吃早饭。

3. 朱莉八点去教室__读课文__。

4. __中午__十二点下课，朱莉__回__房间休息半个小时。

5. 朱莉休息半个小时再去饭馆儿__吃午饭__。

6. 下午一点半上课，三点零五分__下课__。

（三）听第三遍，说一说你的一天

略

短文二　　等朋友

马丁和亚当今天下午要去书店买书。马丁下午有两个小时的课，三点零五分下课。亚当下午没有课，他三点一刻在房间等马丁。现在已经差五分四点了，马丁还没有回房间。亚当不知道马丁去哪儿了，也不知道他为什么还没有回来。

（一）听第一遍，判断正误（对的画"√"，错的画"×"）

【1.×　2. √　3. √　4.×　5.×】

（二）听第二遍，在横线上填出听到的汉字

1. 马丁和亚当今天下午要去书店__买书__。

2. 马丁__三点零五分__下课。

3. 亚当今天下午__没有__课，他三点一刻在房间__等__马丁。

4. __现在__已经差五分四点了，马丁还没有回房间。

5. 亚当不__知道__马丁去哪儿了。

（三）听第三遍，猜猜马丁可能去哪儿了

略

第十三课

你的宿舍在哪儿

一 语音与词语练习

(一)听后跟读生词

1. 宿舍 2. 里边 3. 外边 4. 教室 5. 学校
6. 很远 7. 大楼 8. 后面 9. 前面 10. 三层楼
11. 在这儿 12. 在那儿 13. 在哪儿 14. 欢迎

(二)听录音,画出听到的音节

1. A. zhù(住) 2. B. lí(离) 3. A. yuǎn(远)
4. B. jiàoshì(教室) 5. C. shílóu(十楼) 6. B. qìchē(汽车)
7. C. qiánmian(前面) 8. A. lǐbian(里边) 9. A. zàinàr(在那儿)
10. B. huānyíng(欢迎)

(三)在横线上填出听到的音节

1. __děng__人(等人) 2. 在__nǎr__(在哪儿) 3. 很__yuǎn__(很远)
4. 不__jìn__(不近) 5. 中__jiān__(中间) 6. __hòu__边(后边)

(四)标出画线词语的声调

1. Dàwèi zài Mǎlì de __yòubian__.(大卫在玛丽的右边。)
2. Nǐ __xǐhuan__ dōngtiān háishi xiàtiān?(你喜欢冬天还是夏天?)
3. Nǐ zhīdào__túshūguǎn__ zài nǎr ma?(你知道图书馆在哪儿吗?)
4. __Chāoshì__ lí wǒ jiā hěn jìn.(超市离我家很近。)
5. Jīntiān wǎnshang nǐ __dǎsuàn__ zuò shénme?(今天晚上你打算做什么?)
6. Xiànzài tài wǎn le, bù xiǎng __fùxí__ le.(现在太晚了,不想复习了。)
7. __Wàibian__ de nà liàng chē shì Wáng lǎoshī de.(外边的那辆车是王老师的。)
8. Māma jīntiān xiūxi, bú __shàngbān__.(妈妈今天休息,不上班。)

（五）听录音，选择听到的句子

1. Bàba kěnéng jīntiān wǎnshang huílai.（爸爸可能今天晚上回来） 【A】
2. Tā zǒngshì jùjué zhēnlǐ.（他总是拒绝真理。） 【B】
3. Tā fùzé xuéyuàn de suǒyǒu shìwù.（他负责学院的所有事务。） 【A】
4. Huānyíng nǐ lái wǒ de jiā.（欢迎你来我的家。） 【A】
5. Wǒ pāidàole cāngmáng de yuǎnshān.（我拍到了苍茫的远山。） 【B】
6. Zhèxiē shěngfèn wǒ bú tài liǎojiě.（这些省份我不太了解。） 【A】
7. Wǒmen xuéxiào lǐbian yǒu hěn duō dàlóu.（我们学校里边有很多大楼。） 【A】
8. Wǒ chéngrèn wǒ jièguo nàxiē qián.（我承认我借过那些钱。） 【B】

二　句子练习

（一）听句子，选择正确答案

1. 高山你好！欢迎你来我们的宿舍楼。
   问：这是哪儿？ 【A】
2. 安娜的教室在五层，我的教室在三层。
   问：安娜的教室在几层？ 【C】
3. 妈妈不在哥哥后边，她在爸爸的后边。
   问：妈妈在谁的后边？ 【B】
4. 王老师前边的男人就是张老师。
   问：张老师在哪儿？ 【B】
5. 哥哥现在不在家，他上午就去同学家了。
   问：哥哥去哪儿了？ 【C】
6. 图书馆离教室不太远，但离我的宿舍很远。
   问：图书馆离教室远不远？ 【A】
7. 这辆公共汽车上人太多了，我们坐下一辆吧。
   问：哪儿有很多人？ 【C】
8. 张明在教室呢，他坐在玛丽和大卫的中间。
   问：玛丽和大卫的中间是谁？ 【C】

9. 张老师，欢迎您来我的宿舍，咱们上楼吧。

问：他在欢迎谁？ 【B】

10. 我的房间在五层，房间号是518，不是548。

问：他的房间号是多少？ 【B】

（二）听句子，判断正误（对的画"√"，错的画"×"）

1. 麦克是我的同学，也是我的朋友，但他不和我们住在学校里。 （√）
2. 今天晚上我去王丽的房间和她一起学汉语。 （×）
3. 宿舍楼有十层，我的宿舍在第三层。 （×）
4. 王京后边的那个人是她男朋友。 （√）
5. 你看前面有两座大楼，后边那座就是我们的宿舍楼。 （×）

三　对话理解

（一）听对话，选择正确答案

1. 男：玛丽，你住哪儿？

女：我的宿舍不在学校里，我住在外边。

问：玛丽住在哪儿？ 【B】

2. 女：大卫，今天下午我们去图书馆学习好吗？

男：我们还是去教室学习吧。

问：女的要去哪儿学习？ 【C】

3. 男：王老师，教室前边那个女人是谁？

女：她是张老师的妻子。

问：张老师的妻子在哪儿？ 【A】

4. 女：小王你看，这座大楼有十多层吧？

男：没有，只有九层。

问：女的觉得这座大楼有多少层？ 【D】

5. 男：安妮你现在在哪儿？宿舍楼前面还是后面？

女：我在宿舍楼后面呢。

问：女的在哪儿？ 【C】

6. 男：李老师，你的学校离你家很近吗？

女：不是的，很远啊！

问：女的家离学校远不远？ 【B】

（二）听长对话，选择正确答案

对话一

女：张明，你想来我们学校看看吗？我们学校很大也很漂亮。

男：好啊！我什么时候去？

女：这个星期天你有时间吗？欢迎你来！

男：好的，这个星期天下午我坐公共汽车去。

女：好，下午两点我在学校门口等你。

问：1. 女的学校怎么样？ 【B】

2. 男的什么时候去女的学校？ 【C】

3. 女的下午几点等男的？ 【B】

对话二

男：王京，这就是你的宿舍楼吗？真漂亮！

女：是的，你猜我住在第几层？

男：你住在第五层，对吗？

女：哈哈，不是的，我的房间在第六层。

男：每个宿舍有几个人？

女：两个人。

问：1. 他们两人现在在说什么？ 【A】

2. 女的住在第几层？ 【C】

3. 每个房间有几个人？ 【A】

四　短文理解

短文一　在教室里

我叫李兰，现在是下午四点，我和张老师、约翰一起在我们的教室里。我在右边，约翰在左边，张老师在我们的中间。我们的教室不太大，每天有十五位学生在这儿上课。现在没有课，同学们都在宿舍里。

(一)听第一遍，选择正确答案

1. 李兰现在在哪儿？【B】
2. 现在教室里有几个人？【C】
3. 张老师在哪儿？【C】
4. 现在是下午几点？【A】

(二)听第二遍，在横线上填出听到的汉字

1. 我和张老师、约翰一起在我们的__教室__里。
2. 我在右边，约翰在__左边__，张老师在我们的__中间__。
3. 每天有十五位__学生__在这儿上课。
4. 现在没有课，同学们都在__宿舍__里。

短文二　在天津大学学习

我是艾伦，今年我在天津大学学习汉语。天津大学很大，里边有很多座大楼。图书馆很漂亮，我很喜欢在那儿学习。图书馆旁边就是我们的宿舍楼，我住在五层，我的好朋友阿里住在第六层，我常去他的房间玩儿。

(一)听第一遍，选择正确答案

1. 图书馆怎么样？【B】
2. 艾伦的宿舍楼在哪儿？【A】
3. 阿里是谁？【C】
4. 阿里住在宿舍楼的第几层？【B】

(二)听第二遍，在横线上填出听到的汉字

1. 今年我在__天津大学__学习汉语。
2. __图书馆__很漂亮，我很喜欢在那儿学习。
3. 我住在__五__层，我的好朋友阿里住在第六__层__。
4. 我常去他的房间__玩儿__。

(三)听第三遍，回答问题

略

第十四课

附近有中国银行吗

一　语音与词语练习

（一）听后跟读生词

1. 银行　2. 中国银行　3. 一百米　4. 东边　5. 西边
6. 南边　7. 北边　8. 医院　9. 公园　10. 附近
11. 往右拐　12. 往前走　13. 火车站　14. 商店　15. 白色
16. 红色

（二）听录音，画出听到的音节

1. C. cóng（从）　2. B. jìn（近）　3. B. zuò（座）
4. C. yínháng（银行）　5. B. hóngsè（红色）　6. C. fùjìn（附近）
7. C. běibian（北边）　8. A. shāngdiàn（商店）　9. B. guǎi（拐）
10. A. gōngyuán（公园）

（三）在横线上填出听到的音节

1. __nán__边（南边）　2. __wǎng__后看（往后看）　3. __bái__色（白色）
4. 红__lǜ__灯（红绿灯）　5. 公__yuán__（公园）　6. __cóng__这儿走（从这儿走）
7. __xī__边（西边）　8. __yī__院（医院）

（四）标出画线词语的声调

1. Qǐngwèn, __fùjìn__ yǒu Zhōngguó Yínháng ma?（请问，附近有中国银行吗？）
2. __Huǒchēzhàn__ de xībian shì yīyuàn.（火车站的西边是医院。）
3. __Chāoshì__ lí zhèr yuǎn bu yuǎn?（超市离这儿远不远？）
4. Qiánmian yǒu yí zuò __hóngsè__ de dàlóu.（前面有一座红色的大楼。）
5. Qù huǒchēzhàn shì __cóng zhèr__ wǎng qián zǒu ma?（去火车站是从这儿往前走吗？）
6. Dàole lùkǒu __wǎng yòu guǎi__.（到了路口往右拐。）

7. Wǒmen <u>měi tiān</u> cóng shàngwǔ bā diǎn bàn shàngkè.（我们每天从上午八点半上课。）

8. Fùjìn de <u>huánjìng</u> hěn piàoliang.（附近的环境很漂亮。）

（五）听录音，选择听到的句子

1. Búyào zài zhèr shǎ děng, wǒmen qù qiánbian ba.（不要在这儿傻等，我们去前边吧。） 【B】
2. Bàba pàng le, dùzi biàn de gǔnyuán.（爸爸胖了，肚子变得滚圆。） 【A】
3. Zhè bù zuòpǐn méiyǒu shénme qìshì.（这部作品没有什么气势。） 【A】
4. Xiàzhōu yuànzhǎng yào lái jiǎnchá gōngzuò.（下周院长要来检查工作。） 【B】
5. Nǐ zhèyàng zuò fánghài le biérén de lìyì.（你这样做妨害了别人的利益。） 【A】
6. Tīngshuō tā de tóuzī dōu shì zài nánfāng jìnxíng de.（听说他的投资都是在南方进行的。） 【B】
7. Wǒmen quánjiā dōu bù xǐhuan huánghuā.（我们全家都不喜欢黄花。） 【B】
8. Lìnà yǔ zhàngfu jiéhūn èrshí duō nián le.（丽娜与丈夫结婚二十多年了。） 【A】

二　句子练习

（一）听句子，选择正确答案

1. 你从这条路往前走，到了第一个红绿灯往右拐。
   问：到了哪儿往右拐？ 【B】
2. 我们学校附近有两个医院，一个很大，一个很小。
   问：学校附近有两个什么？ 【A】
3. 教学楼西边有个很大的公园，我们喜欢去那里。
   问：哪儿有个很大的公园？ 【C】
4. 大卫桌子上有很多中文书，我的桌子上有两本英文书。
   问：大卫桌子上有什么？ 【B】
5. 床上边的衣服不是我的，都是我姐姐的。
   问：衣服都是谁的？ 【C】
6. 我家附近的超市很小，但是去买东西的人很多。
   问：他家附近有什么？ 【A】
7. 从玛丽的宿舍到她的教室，走五分钟就到。
   问：从宿舍到哪儿走五分钟就到？ 【B】

8. 玛丽的左边不是张老师，是王老师。

问：王老师在哪儿？ 【C】

9. 下午没有课，麦克想去中国银行。

问：下午麦克去哪儿？ 【B】

10. 今天下午三点我去火车站接朋友。

问：他几点去火车站？ 【A】

（二）听句子，判断正误（对的画“√”，错的画“×”）

1. 明明，你看你桌子下边怎么有这么多东西？还有吃的东西呢。 （×）
2. 我常去我家附近的中国银行取钱。 （×）
3. 医院离这儿不远，很近，走五分钟就到。 （√）
4. 你往左拐，路口东边的大楼就是中国银行。 （√）
5. 教学楼旁边有个公园，没课的时候我喜欢去那里玩儿。 （×）

三　对话理解

（一）听对话，选择正确答案

1. 男：请问一下儿，我要去天津火车站，是往前走吗？

女：对，你往前走，到了路口往右拐就到了。

问：去天津火车站往哪儿走？ 【B】

2. 女：李兰病了，学校里边有医院吗？

男：有啊，就在三号宿舍楼的北边。

问：医院在哪儿？ 【C】

3. 男：你家周围有商店、医院和银行吗？

女：没有医院，但有中国银行和很多小商店。

问：女的家周围没有什么？ 【A】

4. 女：马丁，你觉得学校附近的环境好吗？

男：我觉得环境很漂亮，我喜欢。

问：男的觉得学校附近的环境怎么样？ 【D】

5. 男：我问一下儿，超市在学校东门附近还是西门附近？

女：离东门很近。

问：超市在哪儿？【A】

6. 男：王京，你知道从图书馆到宿舍有多远吗？

女：很近，走六百多米就到。

问：从图书馆到宿舍有多远？【B】

（二）听长对话，选择正确答案

对话一

女：您好！我想去天津火车站，您知道怎么走吗？

男：你从这儿往前走，到了前边的红绿灯往右拐。

女：离这儿远不远呢？

男：不太远，你走十分钟就到了。

女：好的，我知道了，谢谢您！

问：1. 女的现在要去哪儿？【B】

2. 男的说到了红绿灯那儿怎么走？【C】

3. 从这儿到火车站要走几分钟？【A】

对话二

男：安妮，你知道那座白色的大楼是哪儿吗？

女：哪个楼？你说的是超市后边的那座大楼吗？

男：对啊，我觉得是一家医院。

女：也可能是中国银行吧。

男：我们走过去看看吧。

女：好的，我们过去看看。

问：1. 他们两人在说什么？【B】

2. 那座白色的大楼在哪儿？【C】

3. 他们谁知道白色的大楼是什么地方？【A】

四　短文理解

短文一　去公园

我家楼下有一个很大的公园，常有很多人去那里玩儿，有老人也有小孩儿。公园的环境很好也很漂亮。从公园大门出来，可以看到东边是中国银行，西边有一个超市。公园旁边还有一个学校，往前走不远就可以到火车站。

（一）听第一遍，选择正确答案

1. 这个公园在哪儿？　【B】
2. 公园的环境怎么样？　【C】
3. 公园的东边是哪儿？　【A】
4. 从公园出来怎么走可以到火车站？　【A】

（二）听第二遍，在横线上填出听到的汉字

1. 我家__楼下__有一个很大的公园。
2. 公园的环境很好也很__漂亮__。
3. 从公园大门出来，东边是__中国银行__，西边有一个__超市__。
4. 公园__旁边__还有一个学校，往前走不远就可以到__火车站__。

（三）听第三遍，说出下面这些地方的位置

略

短文二　王京的房间

王京是我的好朋友，我们都住在学校的宿舍里，我住在301房间，她的宿舍在我的西边。王京的房间有一张桌子，桌子上有很多书，有中文书、英文书，还有法文书。王京很喜欢学习，她的汉语很不错。她的床上有很多件漂亮的衣服，她说这些衣服不都是她的，有的是她妹妹的。

（一）听第一遍，选择正确答案

1. 王京的房间在哪儿？　【B】
2. 王京的床上有什么？　【B】
3. 王京的桌子上没有什么书？　【C】
4. 王京的汉语怎么样？　【A】

（二）听第二遍，在横线上填出听到的汉字

1. 我和王京都住在学校的__宿舍__里。

2. 我住在301房间，王京的宿舍在我的__西边__。

3. 她的房间有一张__桌子__。

4. 床上的衣服有的是王京的，有的是她__妹妹__的。

5. 王京很__喜欢__学习，她的汉语很不错。

（三）听第三遍，用自己的话介绍王京的房间

略

第十五课

你的爱好是什么

一　语音与词语练习

(一)听后跟读生词

1. 爱好　2. 喝　3. 牛奶　4. 咖啡　5. 热水
6. 冷水　7. 天气　8. 电影　9. 常常　10. 最
11. 运动　12. 跑步　13. 游泳　14. 踢足球　15. 打篮球
16. 唱歌　17. 跳舞　18. 有意思　19. 以后　20. 大家
21. 尝　22. 中国菜

(二)听录音，画出听到的音节

1. B. cháng(常)　2. C. zuì(最)　3. A. rè(热)
4. A. kāfēi(咖啡)　5. B. chànggē(唱歌)　6. C. yóuyǒng(游泳)
7. C. zúqiú(足球)　8. B. tiàowǔ(跳舞)　9. A. yǐhòu(以后)
10. B. yùndòng(运动)

(三)在横线上填出听到的音节

1. 中国<u>cài</u>(中国菜)　2. 看<u>diànyǐng</u>(看电影)　3. <u>pǎo</u>步(跑步)
4. <u>tī</u>足球(踢足球)　5. 大<u>jiā</u>(大家)　6. <u>tiān</u>气(天气)
7. <u>hē</u>牛奶(喝牛奶)　8. <u>tiào</u>舞(跳舞)

(四)标出画线词语的声调

1. Nǐ xǐhuan <u>chànggē</u> hé tiàowǔ ma?(你喜欢唱歌和跳舞吗?)
2. Wǒmen dàjiā dōu zhīdào nǐ ài <u>zuòfàn</u>.(我们大家都知道你爱做饭。)
3. Dìdi de <u>àihào</u> yǒu hěn duō.(弟弟的爱好有很多。)
4. <u>Tiānqì</u> lěng de shíhou yào hē rèshuǐ.(天气冷的时候要喝热水。)
5. Wǒ juéde kàn diànyǐng hěn <u>yǒu yìsi</u>.(我觉得看电影很有意思。)

6. Mǎlì zuì dà de àihào shì __yóuyǒng__.（玛丽最大的爱好是游泳。）

（五）听录音，选择听到的句子

1. Dàwèi bù cháng qù lǚyóu.（大卫不常去旅游。） 【A】
2. Nàge xiǎojiě hái yào bié de shū.（那个小姐还要别的书。） 【B】
3. Shǐjì zhōng de hěn duō rénwù wǒ bù zhīdào.（《史记》中的很多人物我不知道。） 【A】
4. Tóngwū yìzhí fēicháng xǐhuan xǐjù zuòpǐn.（同屋一直非常喜欢喜剧作品。） 【A】
5. Jǐngzhǎng de tàidu bú lìyú zhè cì shìjiàn de jiějué.（警长的态度不利于这次事件的解决。） 【B】
6. Zhège shíjiàn tèbié hǎo.（这个实践特别好。） 【A】
7. Nǐ měi tiān kàn shū yǒu yìsi ma?（你每天看书有意思吗？） 【B】
8. Zhège xiǎojiē wǒ sìhū zài nǎr jiànguo.（这个小街我似乎在哪儿见过。） 【A】

二　句子练习

（一）听句子，选择正确答案

1. 我妹妹爱读书，不爱运动。
   问：他妹妹的爱好是什么？ 【C】
2. 杰克爱吃饭，不喜欢做饭。
   问：杰克不喜欢做什么？ 【A】
3. 安妮晚上常常看中文电影。
   问：安妮晚上常看什么电影？ 【B】
4. 哥哥说跑步以后要多喝热水。
   问：哥哥说做什么以后要多喝热水？ 【C】
5. 我妈妈做的饭很好吃，你尝尝吧。
   问：他妈妈做的饭怎么样？ 【C】
6. 这本书里的很多小故事都很有意思。
   问：这本书里的什么有意思？ 【A】
7. 艾伦，我给你介绍一下儿这个中国菜。
   问：他要介绍什么？ 【B】
8. 阿里，明天是周六，我们去爬山吧。

问：他们明天要做什么？ 【A】

9. 高山今年25岁，他在我们三人中最大。

问：高山今年多大？ 【B】

10. 妹妹睡觉以前常常听音乐。

问：妹妹睡觉以前常常做什么？ 【A】

（二）听句子，判断正误（对的画"√"，错的画"×"）

1. 大卫很喜欢篮球，没有课的时候他常常和朋友一起打篮球。 （×）
2. 上星期天我去了那家饭馆儿，我再也不想去了。 （×）
3. 妹妹喜欢听音乐，睡觉以前她喜欢听手机里的音乐。 （×）
4. 哥哥常去跑步和打球，游泳他也很喜欢。 （√）
5. 朋友们都说我妈妈做饭很好吃，他们有时候就来我家吃。 （×）

三 对话理解

（一）听对话，选择正确答案

1. 男：丽丽，你周六、周日喜欢做什么？

女：我爱运动，常常去游泳、跑步和爬山。

问：下面哪个不是丽丽喜欢做的？ 【A】

2. 女：牛奶对身体很好，王林，你常喝牛奶吗？

男：我不太爱喝，我每天都喝很多水。

问：男的每天常喝什么？ 【D】

3. 男：安娜，今天为什么这么早起床？

女：我要和朋友一起去爬山。

问：女的今天做什么？ 【B】

4. 女：今天天气太热了，我们去游泳好吗？

男：太好了！我最喜欢游泳了。

问：男的有什么爱好？ 【C】

5. 男：王京，你知道那个唱歌的女生是谁吗？

女：她叫安娜，是我最好的朋友。

问：安娜是谁？【A】

6. 男：朱莉，你喜欢我们这儿的天气吗？

女：很喜欢，每天不冷也不热，空气很干净。

问：这儿的空气怎么样？【B】

（二）听长对话，选择正确答案

对话一

女：李东，今天我不想在家做饭了，咱们去附近新开的饭馆儿吧。

男：你说的是中国银行东边的饭馆儿吗？

女：对啊，那儿每天都有很多人，可能很好吃。

男：对，饭馆儿的菜也可能很便宜。

女：那我们就快去吧。

问：1. 女的现在要去哪儿？【C】

2. 饭馆儿每天很多人吃饭，男的觉得是为什么？【C】

3. 饭馆儿在哪儿？【A】

对话二

男：田红，你每天早上都在楼下跑步，对吗？

女：是啊，我从十岁开始就是这样。

男：你为什么不去附近的公园跑呢？那儿很大也很漂亮。

女：早上公园的人太多了，楼下的环境很好啊。

男：我也喜欢运动，明天我和你一起跑，行吗？

女：好的，欢迎你！

问：1. 他们两人在说什么？【B】

2. 女的为什么不去公园跑步？【A】

3. 男的喜欢什么？【A】

四　短文理解

短文一　我们的爱好

小星是我的同学，也是我最好的朋友。她的汉语很好，爱好也很多，她爱唱歌和跳舞，她唱歌很好听。她也喜欢运动，常常去游泳和打球。我的爱好跟她不一样，我喜欢安静，喜欢一个人听音乐和读书。但我们都喜欢看电影和旅游。我们常一起看中文电影，有时候也一起出去玩儿。

（一）听第一遍，选择正确答案

1. 小星是谁？【C】
2. 谁喜欢唱歌和跳舞？【C】
3. 她和小星都喜欢做什么？【A】
4. 她们常常看什么电影？【A】

（二）听第二遍，把相关内容进行连线

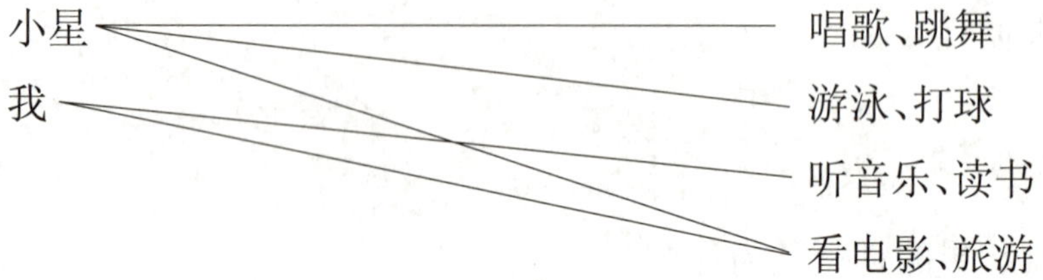

短文二　去爬山

我家附近有一座山，山不太高，但周围的环境很安静，也很漂亮，我很喜欢那里。昨天是星期天，天气很好，不热也不冷，我和妻子、孩子一起去爬山了。爬了一会儿，我们就在山上读书、听音乐、吃水果，孩子在我们附近玩儿，我们三个人都很高兴。

（一）听第一遍，选择正确答案

1. 那座山在哪儿？【C】
2. 昨天的天气怎么样？【B】
3. 昨天他做什么了？【C】
4. 他们在山上吃了什么？【D】

（二）听第二遍，在横线上填出听到的汉字

1. 我家附近有一座不太高的___山___。
2. 但周围的环境很___安静___，也很漂亮，我很喜欢那里。
3. 我们___爬___了一会儿，就在山上读书、___听音乐___、吃水果。
4. 孩子在附近玩儿，我们三个人都很___高兴___。

（三）听第三遍，复述内容

略

第十六课

你给妈妈买了什么

一　语音与词语练习

(一)听后跟读生词

1. 生日　2. 礼物　3. 鲜花　4. 衣服　5. 手表
6. 晚会　7. 希望　8. 有名　9. 喝茶　10. 蛋糕
11. 茶叶　12. 送礼物　13. 上周　14. 举行　15. 难忘
16. 笑话

(二)听录音,画出听到的音节

1. C. shēngrì(生日)　2. A. bāng(帮)　3. C. yīfu(衣服)
4. B. xiānhuā(鲜花)　5. A. xīwàng(希望)　6. A. sòng(送)
7. B. cānjiā(参加)　8. A. lǐwù(礼物)

(三)在横线上填出听到的音节

1. __yī__服(衣服)　2. __sòng__礼物(送礼物)
3. __shǒu__表(手表)　4. 一__jiàn__毛衣(一件毛衣)
5. 喝__chá__(喝茶)　6. 回__guó__(回国)
7. 有__míng__(有名)　8. 举__xíng__(举行)

(四)标出画线词语的声调

1. Nǐ __bāng__ wǒ xiǎngxiang hǎo ma?(你帮我想想好吗?)
2. Nǐ zhīdào shénme shíhou __fàng shǔjià__ ma?(你知道什么时候放暑假吗?)
3. Nǐ xiǎng __hē chá__ háishi hē kāfēi?(你想喝茶还是喝咖啡?)
4. Xuéxiào wàibian de chāoshì méi yǒu __cháyè__.(学校外边的超市没有茶叶。)
5. Nǐ de dàxué hěn __yǒumíng__ ma?(你的大学很有名吗?)
6. Zhè kuài __shǒubiǎo__ zhēn piàoliang.(这块手表真漂亮。)

（五）听录音，选择听到的句子

1. Mǎlì chángcháng bāng wǒ xué Hànyǔ.（玛丽常常帮我学汉语。） 【B】

2. Wǒ xiǎng sòng tā yí jiàn lǐwù.（我想送他一件礼物。） 【B】

3. Zhèxiē zhíwù zài wǒmen nàr shì kàn bú dào de.（这些植物在我们那儿是看不到的。）【A】

4. Zhèyàng de jìdu bù yīng fāshēng zài wǒmen zhījiān.（这样的忌妒不应发生在我们之间。） 【B】

5. Māma shì yí wèi yánjiū Hányǔ de zhuānjiā.（妈妈是一位研究韩语的专家。） 【A】

6. Lǐ zhǔrèn fēicháng shàncháng zuò zhèxiē tiáojiě gōngzuò.（李主任非常擅长做这些调解工作。） 【B】

二　句子练习

（一）听句子，选择正确答案

1. 下周就是妻子的生日了，她今年三十八岁。
问：妻子的生日是什么时候？ 【B】

2. 爸爸送我的这块手表比较贵。
问：爸爸送他的什么东西比较贵？ 【A】

3. 我们国家的茶叶很有名。
问：他们国家的什么东西很有名？ 【C】

4. 太好了，再有三周我们就放暑假了！
问：什么时候放暑假？ 【A】

5. 东东，不要在床上吃西瓜，到桌子这儿来吃。
问：东东在哪儿吃西瓜呢？ 【C】

6. 麦克的火车票和汉语书都在他的书包里。
问：麦克的书包里有什么票？ 【B】

7. 新年快到了，我不想要新衣服，想要个新手机。
问：他不想要什么？ 【B】

8. 你看看这本书吧，很有意思，写书的人也很有名。
问：写这本书的人怎么样？ 【C】

9. 这是我第一次在中国过生日，我收到了很多礼物。

问：他生日的时候收到了很多什么？　　【B】

10. 妹妹起床以后常常喝咖啡，我只想喝水。

问：他起床以后常做什么？　　【A】

（二）听句子，判断正误（对的画"√"，错的画"×"）

1. 下星期就放暑假了，我可以回国见到家里人了，太高兴了！　　（√）
2. 女朋友的生日快到了，我给她买了一块手表。　　（×）
3. 杰克在超市买咖啡，还要再买几瓶水。　　（×）
4. 马克告诉我他们国家的茶叶很有名，我真想尝尝。　　（√）
5. 我们家每人都有自己的爱好，妈妈喜欢做饭，爸爸喜欢旅游，姐姐喜欢看书，我喜欢跳舞。　　（×）

三　对话理解

（一）听对话，选择正确答案

1. 男：小美，生日礼物想要衣服、蛋糕还是鲜花？

女：衣服能穿，蛋糕能吃，但这些东西我都不想要。

问：小美想要什么生日礼物？　　【B】

2. 女：我爸爸是医生，他说喝冷水对身体不好。

男：是吗？我不爱喝热水，每天都喝很多冷水，我的身体也很好啊。

问：男的是什么意思？　　【D】

3. 男：安妮，这几天你为什么这么高兴？

女：7月份了啊！我可以回国见到爸爸妈妈了。

问：女的为什么这么高兴？　　【B】

4. 女：高山，你汉语为什么学得这么好？

男：我有很多中国朋友啊！

问：男的是什么意思？　　【A】

5. 男：李兰，你能告诉我你们女人喜欢什么生日礼物吗？

女：怎么说呢，我喜欢新衣服，我妹妹喜欢鲜花，安娜喜欢新书。

问：李兰的意思是什么？　　【A】

6. 男：妈妈，我们饭前喝茶还是饭后喝茶？

女：都不太好，我现在想喝咖啡。

问：妈妈是什么意思？ 【B】

（二）听长对话，选择正确答案

对话一

女：关力，后天就是你的生日了，咱们举行一个生日晚会吧。

男：那太好了！请朋友们都来参加。你说在家里举行还是到外边饭店呢？

女：咱家太小了，还是去外边饭店吧。

男：对，在外边饭店举行晚会，吃完饭大家还可以唱唱歌、跳跳舞。

女：那我现在就给大家打电话告诉他们。去哪个饭店呢？

男：中国银行东边的那个饭店吧，咱们后天晚上六点去。

问：1. 他们为什么要举行晚会？ 【B】

2. 去外边饭店举行晚会有什么好处？ 【C】

3. 饭店在哪儿？ 【B】

对话二

男：丽娜，再有三周就放暑假了，暑假你想去哪儿？

女：这次的暑假一共六个多星期，我想回国去看爸爸妈妈。

男：我想去中国一些漂亮的地方玩儿。你要回国，给家里人买礼物了吗？

女：我给爸爸买了一块手表，给妈妈买了三件衣服。但不知道给我弟弟买什么好。

男：你弟弟有什么爱好？

女：他最喜欢读书了，不工作的时候他常常看书。

男：明天我和你一起去书店，帮你看看给他买什么书好。

女：太谢谢你了！明天上午我有课，下午三点我们一起去书店吧。

问：1. 丽娜给妈妈买了什么礼物？ 【A】

2. 他们为什么要去书店？ 【C】

3. 男的暑假做什么？ 【B】

四　短文理解

短文一　十八岁的生日

昨天是我十八岁的生日。在中国，一个人过了十八岁就是大人了。爸爸妈妈在我家附近的饭馆儿举行了一个生日晚会，请我的同学和朋友都来参加。昨天来了二十多人，他们都给我带来了生日礼物，有好看的鲜花、我喜欢的音乐光盘，还有我爱读的书。妈妈买了一个很大的蛋糕，我们一起吃蛋糕、唱歌、跳舞，高山还讲了很多笑话，我们大家都很高兴。这个十八岁生日对我来说非常难忘，感谢爸爸妈妈和好朋友们。

（一）听第一遍，选择正确答案

1. 他十八岁的晚会在哪儿举行的？　　【B】
2. 昨天的晚会有多少人参加？　　【A】
3. 关于生日礼物，下面哪句话是对的？　　【C】
4. 高山在晚会上做什么了？　　【D】

（二）听第二遍，在横线上填出听到的汉字

1. 昨天是我十八岁的<u>　生日　</u>。
2. 爸爸妈妈在我家附近的<u>　饭馆儿　</u>为我举行了一个生日晚会。
3. 他们都给我带来了生日<u>　礼物　</u>。
4. 妈妈买了一个很大的蛋糕，我们一起吃蛋糕、<u>　唱歌　</u>、跳舞。
5. 这个十八岁生日对我来说非常<u>　难忘　</u>。

短文二　一封信

爸爸妈妈：

你们好！

你们上星期寄来的生日礼物我收到了，我很喜欢，谢谢爸爸妈妈！最近爸爸工作忙吗？妈妈身体好吗？

今天我给你们寄去几张照片，是昨天我和朋友们在楼下的公园照的。你们看我左边的男生，他叫马克，是英国人，他常帮我学汉语。我右边的女生是玛丽，她是我最好的朋友，我们常一起学习，一起玩儿。我后边的女生是我的中国朋友小星，她喜欢音乐，是个学音乐的大学生，我们都喜欢听她唱歌。小星旁边的人是她男朋友，他已经工作了，是个英语老师。照片最前边的是大卫，他非常有意思，会讲很多故事和笑话，我们都喜欢和他在一起。

好的，我要去上课了，下次再给你们寄新照片吧。

祝爸爸妈妈身体好、生活好！

安娜

3 月 5 日

(一)听第一遍，选择正确答案

1. 安娜寄的照片上一共几个人？ 【C】
2. 照片在哪儿照的？ 【B】
3. 关于玛丽，哪个是对的？ 【D】
4. 大家为什么喜欢和大卫在一起？ 【B】

(二)听第二遍，在横线上填出听到的汉字

1. 你们上星期给我__寄来__的生日礼物我收到了。
2. 我__左边__的男生叫马克，是英国人，他常帮我学汉语。
3. 我右边的女生是玛丽，她是我最好的__朋友__。
4. 我后边的女生是我的中国朋友小星，她喜欢__音乐__。
5. 小星的男朋友已经__工作__了，是个英语老师。
6. 照片最__前边__的人叫大卫，非常有意思，会讲故事和__笑话__。

(三)听第三遍，简单介绍一下儿信中提到的几个人

略

第十七课

电影院离我家不远

一　语音与词语练习

（一）听后跟读生词

1. 需要　2. 见面　3. 洗澡　4. 左右　5. 工作
6. 觉得　7. 电视　8. 分钟　9. 下雨　10. 报纸
11. 非常　12. 迟到　13. 公司　14. 咱们　15. 上班
16. 不错　17. 不用　18. 怎么样

（二）听录音，画出听到的音节

1. B. xūyào（需要）　2. A. xǐzǎo（洗澡）　3. C. zuǒyòu（左右）
4. B. jiànmiàn（见面）　5. A. gōngzuò（工作）　6. C. juéde（觉得）
7. A. fēicháng（非常）　8. A. bàozhǐ（报纸）

（三）在横线上填出听到的音节

1. __chí__到（迟到）　2. __shàng__班（上班）　3. __gōng__司（公司）
4. 分__zhōng__（分钟）　5. 下__yǔ__（下雨）　6. 一__huìr__（一会儿）
7. __zán__们（咱们）　8. 电__shì__（电视）

（四）标出画线词语的声调

1. Jírì qǐ, quánbù shāngpǐn qī zhé __yōuhuì__.（即日起，全部商品七折优惠。）
2. Wǒ cóng bù __zhuīgǎn__ shímáo.（我从不追赶时髦。）
3. Shāndǐng de fēngjǐng ràng wǒ fēicháng __zhènhàn__.（山顶的风景让我非常震撼。）
4. Māma cānjiāle __lǎonián__ shízhuāng biǎoyǎnduì.（妈妈参加了老年时装表演队。）
5. Shǔjià li jiàoshòu __wánchéng__ le hěn duō gōngzuò.（暑假里教授完成了很多工作。）
6. Bàozhǐ shang yǒu hěn duō chūzū __guǎnggào__.（报纸上有很多出租广告。）
7. __Quēdiǎn__ jiù shì zhè fùjìn méiyǒu gōnggòngqìchē.（缺点就是这附近没有公共汽车。）

8. Xīnjiā zhōuwéi <u>huánjìng</u> hěn hǎo, mǎi dōngxi yě hěn fāngbiàn.(新家周围环境很好，买东西也很方便。)

(五)听录音，选择听到的句子

1. Tā de qúnxíng tèbié piàoliang.(她的裙形特别漂亮。) 【B】
2. Wǒ xiǎng zài zhèr fùjìn zū fángzi.(我想在这儿附近租房子。) 【A】
3. Zài Běijīng mǎi fángzi xūyào hěn duō qián.(在北京买房子需要很多钱。) 【A】
4. Zhè piàn cāochǎng tèbié shìhé tī zúqiú.(这片操场特别适合踢足球。) 【B】
5. Fángzi suīrán xiǎo le diǎnr, dànshì fángxíng zhēn hǎo.(房子虽然小了点儿，但是房型真好。) 【B】
6. Xīnjiā de pángbiān jiù yǒu yí ge yòu'éryuán.(新家的旁边就有一个幼儿园。) 【B】
7. Zhège qiángbì shì lánsè de.(这个墙壁是蓝色的。) 【A】
8. Jīnnián fàngjià wǒ dǎsuàn qù xuéxí huáxuě.(今年放假我打算去学习滑雪。) 【B】

二 句子练习

(一)听句子，选择正确答案

1. 这家饭店的菜很不错，你的生日晚会就在这儿举行吧。
   问：这家饭店的菜怎么样？ 【A】
2. 再有两年我就十八岁了，我就能学开车了。
   问：他今年多大？ 【A】
3. 中国的长江有 6300 公里，是我国的第一大河。
   问：长江有多长？ 【B】
4. 妈妈生病了，我下课以后就给妈妈打电话。
   问：下课以后他要做什么？ 【C】
5. 苹果三块钱一斤，五块钱两斤，您要几斤？
   问：买两斤苹果多少钱？ 【C】
6. 我每天五点下班，坐车半个小时才到家。
   问：他每天几点到家？ 【C】
7. 现在才刚六点半，电影还有半个小时才开始呢。

问：电影几点开始？【A】

8. 明天是爸爸的生日，我想给他买一块儿手表。

问：他为什么要送给爸爸礼物？【C】

9. 这双鞋你穿有点儿大，换一双小一点儿的就好了。

问：这双鞋怎么了？【A】

10. 虽然医院离我们家不太远，但是换两次公共汽车才能到。

问：从家到医院的交通怎么样？【B】

（二）听句子，判断正误（对的画“√”，错的画“×”）

1. 我今天起晚了，九点多才到。（×）
2. 我们学校有两千多名学生，留学生就有三百人。（×）
3. 明天我打算和张东一起去图书馆。（√）
4. 今天的天气真不错，要是明天也这么好就好了。（×）
5. 今天别去看电影了，早点儿休息吧，明天还要考试呢！（×）

三　对话理解

（一）听对话，选择正确答案

1. 男：今天才星期三，超市里的人怎么这么多啊？

女：现在东西都打折呢，还有两天就不打折了。

问：超市的东西打折到什么时候？【C】

2. 女：艾伦，你怎么才来？飞机九点就要起飞了！

男：路上堵车，还好还有半个小时。

问：现在几点？【B】

3. 女：小伙子，谢谢你，你今年多大了？

男：不客气，奶奶，我明年就三十岁了。

问：男的今年多大？【B】

4. 女：是又堵车了吗？你怎么现在才到家？

男：今天我下班早，想给你做晚饭，就去超市买菜了。

问：男的去哪儿了？【B】

5. 男：大夫，我今天下午就能出院了吧？

女：我再给你检查检查，没什么问题你就可以走了。

问：对话最可能在哪儿？ 【A】

6. 男：今天下这么大的雨，来上课的学生多不多？

女：今天可不怎么样，也就来了二十个左右。

问：女的是什么意思？ 【D】

(二)听长对话，选择正确答案

对话一

女：张明，我听说你搬家了，新家怎么样？

男：房子不错，价钱也便宜，就是交通不太方便。

女：那你每天怎么来上班啊？

男：我家楼下就有车站，但是我要换两次公共汽车才能到公司，得用一个小时左右。

女：那儿是不是正在修地铁啊？

男：对。修了地铁以后，坐地铁二十分钟就能到公司，方便多了。

问：1. 张明的新家怎么样？ 【C】

2. 张明现在每天要多长时间才能到公司？ 【B】

3. 张明以后最可能怎么去上班？ 【B】

对话二

男：您好！请问一下儿，这附近有咖啡店吗？

女：有，在电影院旁边就有一个。那是个蛋糕店，但是也卖咖啡。

男：离这儿远吗？走路去要多长时间？

女：不太远，你往前再走五百米左右就到电影院。

男：是那座很高的楼吗？

女：对，你看那儿有一个红色的商店，就是我说的蛋糕店，那儿的蛋糕也很有名。

问：1. 男的想去哪儿？ 【B】

2. 蛋糕店在哪儿？ 【A】

3. 电影院离这儿远吗？ 【A】

四　短文理解

短文一　看电影

今天是我的生日，我和李小英吃了晚饭去看电影了。电影院离李小英家不远，所以我们在她家门口儿见面，走到电影院大概五分钟。电影的名字叫作《过年》，说的是在外地工作的中国人都要回家过年。很多人都说这个电影不错。我也觉得是。我来中国上学，都三年没回家了。看了这个电影以后我很想家，想爸爸妈妈，还有我的那些朋友们，我真想现在就回家去看看他们啊！

（一）听第一遍，选择正确答案

1. 他们看的电影叫什么名字？　【A】
2. 这个电影怎么样？　【C】
3. 他和李小英在哪儿见面？　【B】
4. 从李小英家到电影院大概要多长时间？　【A】

（二）听第二遍，在横线上填出听到的汉字

1. 今天我和李小英吃了<u>　晚饭　</u>去看电影了。
2. 我们打算在李小英家门口儿<u>　见面　</u>，走到电影院大概五分钟。
3. 很多人都说这个电影<u>　不错　</u>，我也<u>　觉得　</u>这个电影不错。
4. 我来中国上学，都三年没<u>　回家　</u>了。
5. 看了这个电影<u>　以后　</u>我很想家。

（三）听第三遍，回答问题

略

短文二　我又迟到了

还有一个星期就期末考试了。最近我总是学习到很晚才睡，有时候只睡两三个小时的觉。我睡得晚起得也晚，所以上课常常迟到。今天我又迟到了，王老师很生气，因为八点半上课，我九点才到。老师问我为什么又迟到了，我告诉他因为我昨天晚上三点才睡，只睡了三个小时就起床来学校了。我在公车站等了半个小时，公共汽车才来。因为今天下雨，路上车多人多，又堵了一个多小时，平常二十分钟就到了，今天用了两个多小时才到。

（一）听第一遍，选择正确答案

1. 什么时候期末考试？【C】
2. 他最近为什么迟到？【B】
3. 平时从家到学校大概要用多长时间？【B】
4. 今天他用了多长时间来学校？【D】

（二）听第二遍，在横线上填出听到的汉字

1. 还有一个星期就期末__考试__了。
2. 我睡得晚起得也晚，所以上课常常__迟到__。
3. 王老师很生气，因为__八点半__上课，我__九点__才到。
4. 我__昨天__晚上三点才睡，睡了三个小时就__起床__来学校了。
5. 我在__公车站__等了半个小时，公共汽车才来。
6. 因为今天下雨，路上__车多人多__，又堵了一个多小时车。

（三）听第三遍，回答问题

略

第十八课

我习惯了这里的生活

一　语音与词语练习

(一)听后跟读生词

1. 锻炼　2. 习惯　3. 餐厅　4. 预习　5. 然后
6. 清楚　7. 迟到　8. 聊天儿　9. 上网　10. 逛街
11. 请假　12. 必须　13. 作业　14. 一般　15. 黑板
16. 洗脸　17. 复习　18. 公园

(二)听录音,画出听到的音节

1. C. xíguàn(习惯)　2. A. duànliàn(锻炼)　3. A. ránhòu(然后)
4. B. qīngchu(清楚)　5. C. cāntīng(餐厅)　6. B. yùxí(预习)
7. A. chídào(迟到)　8. A. shàngwǎng(上网)

(三)在横线上填出听到的音节

1. __qǐng__假(请假)　2. 必__xū__(必须)　3. __guàng__街(逛街)
4. 洗__zǎo__(洗澡)　5. __chà__不多(差不多)　6. 聊__tiānr__(聊天儿)
7. __zuò__业(作业)　8. __yì__般(一般)

(四)标出画线词语的声调

1. Cái yóule yí ge xiǎoshí, jiù __jīnpílìjìn__ le.(才游了一个小时,就筋疲力尽了。)

2. Jīntiān de zuòyè __shízài__ tài duō le, zěnme yě zuò bu wán.(今天的作业实在太多了,怎么也做不完。)

3. Wǒ xíguàn zài gōngzuò zhīyú __dàochù__ qù kànkan.(我习惯在工作之余到处去看看。)

4. Zǒngshì yǒu zhèyàng nàyàng de shìqing __dānwù__ shíjiān.(总是有这样那样的事情耽误时间。)

5. Wǒ shízài tài __píbèi__ le, xiǎng xiān shuì yí ge xiǎoshí.(我实在太疲惫了,想先睡一个

小时。)

6. Bànzhe __xīyáng__ xiàbān zhēn shì jiàn xìngfú de shìr.(伴着夕阳下班真是件幸福的事儿。)

7. Zhè shì yí bù __làngmàn__ de dūshì àiqíng yǐngpiàn.(这是一部浪漫的都市爱情影片。)

8. Tā xiǎng bìyè yǐhòu __shēnqǐng__ dào guówài jìxù xuéxí.(他想毕业以后申请到国外继续学习。)

(五)听录音,选择听到的句子

1. Zhèlǐ yǎngle wǔshí duō pǐ jùnmǎ.(这里养了五十多匹骏马。) 【B】

2. Tā de huàr huà de búcuò.(他的画儿画得不错。) 【A】

3. Tā hěn xǐhuan dòngwù, chángcháng hé tāmen liáotiānr.(他很喜欢动物,常常和它们聊天儿。) 【B】

4. Tā zhège rén shuōhuà hěn qīngchu.(他这个人说话很清楚。) 【B】

5. Shuāngfāng jiāngchíle sān ge xiǎoshí, cái suǒdìng shèngjú.(双方僵持了三个小时,才锁定胜局。) 【B】

6. Zhè xiàng chuántǒng jìshu yǐjīng shīchuánle hěn duō nián le.(这项传统技术已经失传了很多年了。) 【A】

7. Huánjìng bǎohù de wèntí yǐnqǐ rénmen de guānzhù.(环境保护的问题引起人们的关注。) 【A】

8. Jīntiān tāmen jiù kāizhāng le.(今天他们就开张了。) 【A】

二 句子练习

(一)听句子,选择正确答案

1. 冬冬,别看电视了,你已经看了三个小时了。
   问:冬冬为什么不能看电视了? 【A】

2. 中午我一般在餐厅吃午饭,那儿离教室很近。
   问:他为什么在餐厅吃午饭? 【A】

3. 午饭后王老师总是睡一个小时觉再去上课。
   问:午饭后王老师先做什么? 【B】

4. 昨天的作业你做了没有,有一道题我不知道是什么意思。

问：说话人可能是什么人？ 【A】

5. 中国菜有点儿油腻，但是我已经习惯了。

问：中国菜怎么样？ 【C】

6. 老师，我想坐在前边，我看不清黑板上的字。

问：他的眼睛怎么样？ 【B】

7. 周末了，大卫想上网跟朋友聊会儿天儿。

问：大卫想怎么跟朋友聊天儿？ 【C】

8. 昨天杰克复习了一个晚上，只睡了一个小时，太困了。

问：杰克为什么太困了？ 【C】

9. 坐火车去北京要两个小时，十点就能到。

问：火车几点出发？ 【A】

10. 喝可乐对身体没什么好处，所以我很少喝。

问：他为什么不喜欢喝可乐？ 【C】

（二）听句子，判断正误（对的画"√"，错的画"×"）

1. 这次放七天假呢，我想到处玩玩儿。 （×）
2. 这都几点了，还不起床，你都睡了十二个小时了。 （√）
3. 再等几天就知道我们考试的结果了。 （×）
4. 咱们休息一个小时再继续吧，已经工作四个小时了。 （×）
5. 麦克在这儿生活两年多了，他差不多都习惯了。 （×）

三 对话理解

（一）听对话，选择正确答案

1. 男：大夫，我吃这种药都三天了，怎么还不好啊？

女：你别着急，我再给你检查检查。

问：他们可能在哪儿？ 【A】

2. 女：王林你怎么了，是不是病了？

男：昨天我一个晚上都没睡。

问：男的怎么了？ 【B】

3. 女：高山，你的成绩这么好，你都怎么学习呢？

男：我每天下课后先复习一个小时，然后再预习新课。

问：男的学习怎么样？【C】

4. 女：张明，你是怎么来到这儿的？

男：我先坐十个小时的飞机到北京，再坐七八个小时的火车就到了。

问：张明来到这儿要多长时间？【D】

5. 男：你和姐姐的关系真好啊，每天你都给她打电话。

女：是啊，她是我的姐姐，也是我的朋友。

问：女的和她姐姐关系怎么样？【C】

6. 男：从这儿到银行，有个七八百米，走路去就行。

女：天气这么热，我还是骑个自行车吧。

问：女的是什么意思？【D】

（二）听长对话，选择正确答案

对话一

女：小力，你怎么还看电视，这都十一点了，你都看了一个多小时了！

男：您再等一会儿，足球比赛还有十分钟就结束了。

女：学习的时候，怎么没见你这么认真？

男：要是学习踢足球，我肯定是班里的第一名。

女：你说得好听，真叫你去学足球，到时候你一定又有别的理由了。

男：哎呀，妈，我不就是看个足球比赛嘛，您不说我了，行吗？

问：1. 男的大概几点看的比赛？【A】

2. 关于男的，下面哪个不对？【A】

3. 两个说话人是什么关系？【B】

对话二

男：王老师您好，您也来锻炼身体吗？

女：是啊，我每天早上都锻炼一个小时，有时候跑步，有时候游泳。

男：您这个年纪还能坚持运动，真不容易。

女：是啊，不过你看，学校里锻炼的还是老人多。

男：现在的年轻人工作都太忙了，晚上睡得都很晚，早上起床也很晚。

女：但我觉得你很不错，我每天都能看到你在跑步。

男：我以前身体不好，医生让我多锻炼。现在跑步已经是我的习惯了。

女：真是个好习惯，不像现在很多年轻人，只知道玩儿手机。

问：1. 女的每天早上锻炼多长时间？ 【A】

2. 关于女的，下面哪句话不对？ 【B】

3. 男的现在为什么锻炼身体？ 【B】

四　短文理解

短文一　我的一天

我来中国差不多两个月了，已经习惯了这里的生活。我每天八点上课，七点半才起床。起床后不吃早饭，先洗澡然后就去教室上课。从宿舍到教室大概走十分钟就到了。上午有四节课，中间休息二十分钟。休息时我吃一些面包，喝一杯咖啡。中午十二点下课。下课后我到食堂吃午饭。午饭以后我常常睡一会儿。下午有两节课，三点半下课。下课以后，我去朋友的房间和朋友聊天儿，或者去图书馆学习一个小时。晚饭以后我去操场锻炼身体。每天晚上十一点我上床睡觉。

（一）听第一遍，选择正确答案

1. 他来中国多长时间了？ 【B】

2. 他每天有几节课？ 【C】

3. 他下午在图书馆学习多长时间？ 【D】

4. 晚饭以后他常做什么？ 【D】

（二）听第二遍，在横线上填出听到的汉字

1. 我来中国<u>　差不多　</u>两个月了，已经<u>　习惯　</u>了这里的生活。

2. 上午我们有四节课，中间我们<u>　休息　</u>二十分钟。

3. 这个时候我去吃<u>　一些面包　</u>，喝一杯咖啡。

4. 午饭以后我<u>　常常　</u>睡一会儿。

5. 晚饭以后我常常去操场<u>　锻炼　</u>身体。

（三）听第三遍，回答问题

略

短文二　晨练

王老师和爱人每天早上六点就起床了，起床后他们去公园里晨练。那个公园就在他们家附近，走路几分钟就到了。王老师先散半个小时步，然后再和朋友们一起打半个小时的太极拳。他爱人常和朋友们跳广场舞。运动以后，他们去公园附近的餐厅吃早饭。吃完早饭，他们再回到公园，跟朋友们一起聊聊天儿，有时候还唱一会儿京剧。快到中午的时候，他们再散步回家。回到家先洗个澡，然后王老师和爱人一起做饭，午饭后他们看一会儿电视，睡两个小时午觉。

（一）听第一遍，选择正确答案

1. 王老师每天几点起床？【B】
2. 每天早上王老师不做什么？【A】
3. 王老师的爱人每天早上做什么运动？【B】
4. 中午王老师睡多长时间午觉？【D】

（二）听第二遍，在横线上填出听到的汉字

1. 王老师和___爱人___起床以后去公园里晨练。
2. 这个公园就在他们家___附近___，走路几分钟就到了。
3. 他爱人常常和朋友们___一起___跳广场舞。
4. 吃完早饭，他们再回到公园，跟朋友们一起___聊聊天儿___。
5. 王老师回到家先___洗个澡___，然后和爱人一起做饭。
6. 午饭后他们___看一会儿___电视，睡两个小时午觉。

（三）听第三遍，回答问题

略

第十九课

周末去附近旅行

一 语音与词语练习

（一）听后跟读生词

1. 城市 2. 风景 3. 爬山 4. 听说 5. 还是
6. 或者 7. 可以 8. 集合 9. 空气 10. 特别
11. 新鲜 12. 环境 13. 放松 14. 心情 15. 出租车
16. 周末 17. 打算 18. 呼吸

（二）听录音，画出听到的音节

1. B. huánjìng（环境） 2. C. zhōumò（周末） 3. A. huòzhě（或者）
4. B. fàngsōng（放松） 5. A. kōngqì（空气） 6. C. hūxī（呼吸）
7. A. chéngshì（城市） 8. B. xīnxiān（新鲜）

（三）在横线上填出听到的音节

1. 而__qiě__（而且） 2. 心__qíng__（心情） 3. 特__bié__（特别）
4. __jí__合（集合） 5. 意__si__（意思） 6. 一__zhí__（一直）
7. 风__jǐng__（风景） 8. 打__suàn__（打算）

（四）标出画线词语的声调

1. Xiàkè de shíhou tā zǒngshì __yòuchàngyòutiào__ de.（下课的时候她总是又唱又跳的。）

2. Tā àiren tèbié cōngming __xiánhuì__.（他爱人特别聪明贤惠。）

3. Zhèr de fēngjǐng kěshì chū le míng de __yōuměi__.（这儿的风景可是出了名的优美。）

4. Zánmen háishì zuò __gōnggòngqìchē__ qù ba.（咱们还是坐公共汽车去吧。）

5. Nǐ xiǎng chī xīcān háishì __zhōngcān__ ?（你想吃西餐还是中餐？）

6. Nàlǐ búdàn huánjìng búcuò, érqiě cài de __wèidào__ yě hěn hǎo.（那里不但环境不错，而且菜的味道也很好。）

7. Jù qìxiàngjú bōbào, běnshì kōngqì zhìliàng __zhǐshù__ wéi liángjí.（据气象局播报，本市空气质量指数为良级。）

8.Lǚxíng tú zhōng pǐncháng dāngdì de __měishí__ hé xīnxiān shuǐguǒ.（旅行途中品尝当地的美食和新鲜水果。）

（五）听录音，选择听到的句子

1. Dāngshí yǔ xià de hěn dà, zhǎo bú dào lù.（当时雨下得很大，找不到路。） 【A】
2. Wǒmen háishì xiǎng mǎi shuāng xiézi.（我们还是想买双鞋子。） 【B】
3. Zhège dìfang de fēngjǐng hěn tèbié.（这个地方的风景很特别。） 【A】
4. Yòuhǎoyòukuài de Zhōngguó xiàolǜ chǎnshēng lìyì.（又好又快的中国效率产生利益。）【B】
5. Tā jīnnián yí ge rén lái Zhōngguó.（他今年一个人来中国。） 【B】
6. Xuéxiào fùjìn yǒu hěn duō shāngdiàn.（学校附近有很多商店。） 【B】
7. Tāmen cānjiāle gōngfèi lǚxíng.（他们参加了公费旅行。） 【B】
8. Měi ge zhōumò wǒ dōu qù cānjiā huódòng.（每个周末我都去参加活动。） 【A】

二　句子练习

（一）听句子，选择正确答案

1. 亚当，你今天不舒服，我跟你一起去医院看看吧。
   问：他们打算去哪儿？ 【B】
2. 你说的这个地方特别远，咱们还是开车去吧。
   问：那个地方怎么样？ 【A】
3. 游泳不但可以锻炼身体，还能减肥。
   问：游泳可以让身体怎么样？ 【B】
4. 我下课以后就跟你一块儿去超市，三点在教室门口见。
   问：他们下课以后做什么？ 【B】
5. 小星，今天中午你要吃什么，吃米饭还是面条儿？
   问：他们可能在哪儿？ 【C】
6. 昨天下班后路上特别堵，李先生七点才到家。
   问：李先生昨天为什么晚到家？ 【C】

7. 这房子周围的环境不太好，空气不好，也不干净。

问：房子周围的环境怎么样？ 【C】

8. 又到秋天了，每天的空气都特别干燥，我刚来的时候很不习惯。

问：现在是什么季节？ 【B】

9. 去北京的同学别忘了带好护照，咱们明天早上七点半集合，八点出发。

问：去北京需要带什么东西？ 【B】

10. 下课了，同学们有说有笑地走出教室。

问：同学们最可能在哪儿？ 【A】

（二）听句子，判断正误（对的画"√"，错的画"×"）

1. 星期六我们班同学一起去北京爬山。 （√）
2. 我星期六或者星期天都可以，你想哪天去上海呢？ （×）
3. 学校附近的公园里有一座很高的山，周末去爬山的人特别多。 （√）
4. 放假一直在房间里太没意思了，快出去走走吧。 （×）
5. 周末的时候我常去运动，我不但喜欢跑步，还喜欢游泳！ （×）

三　对话理解

（一）听对话，选择正确答案

1. 男：玛丽你知道吗？咱们班明天在哪儿集合？

女：王老师说七点半在学校门口集合，八点出发。

问：他们明天在哪儿集合？ 【B】

2. 女：我下班有点儿晚了，咱们还是坐出租车去吧！

男：现在五点了，路上一定很堵，咱们还是坐地铁吧。

问：他们怎么去？ 【B】

3. 女：李明，听说你前两天病了？现在怎么样了？

男：我已经好几天没上班了，今天才上班。

问：男的为什么没上班？ 【A】

4. 女：听说那里风景特别美，我一直想去看看。

男：想有什么用，咱们这周末就出发！

问：男的是什么意思？ 【A】

5. 男：请问你想喝点什么？咖啡还是茶？

女：都这么晚了，我还是喝水吧，晚上睡不着怎么办呢。

问：女的为什么不喝咖啡和茶？ 【C】

6. 男：这座城市真美，也很有意思，来的人都不想离开。

女：是啊，我就特别喜欢这里的新鲜空气。

问：女的为什么不想离开？ 【D】

（二）听长对话，选择正确答案

对话一

女：周阳，今天你去看的房子周围环境怎么样？

男：那房子在一座山的旁边，周围都是树，非常干净。

女：真的吗？附近还有山啊，那座山高吗？

男：不太高，咱们要是买了那个房子，周末时可以去爬爬山。

女：太好了！山上的风景好看吗？

男：不但风景很美，而且空气特别新鲜。

女：交通怎么样？上班方便吗？

男：楼下就有公共汽车站。有一辆车可以到你的公司。如果坐公共汽车时间太长，那儿附近还有个地铁站。

问：1. 那套房子怎么样？ 【C】

2. 关于附近的山哪个说法对？ 【C】

3. 如果买了房子，周末他们可以去做什么？ 【B】

对话二

男：妈，我的护照您看见了吗？您放哪儿了？

女：就在你的书包里，书包我放在桌子上了。

男：唉，要是您能跟我一块儿去多好啊！

女：我就不去了，你放松心情，和同学们好好玩儿。

男：这是我第一次自己出国，好多事儿我都不知道。

女：小南你都十五岁了，已经是大孩子了。

男：好，等我回来给您带最好的礼物。

问：1. 男的在找什么？ 【B】

2. 护照在哪儿？【C】

3. 小南要去做什么？【B】

四　短文理解

短文一　周末的打算

我最近一直没看到张丽，听说她找到了一份新工作，特别忙。就快周末了，我想给她打个电话，问问她周六要不要一块儿去爬爬山，见见面，聊聊天儿，休息一下儿，放松放松心情。我想在她家门口集合，因为那座山离她家不太远，开车半小时就到了。那座山上有一家很有名的饭馆儿，在那里吃饭不但能看到美丽的风景，而且还能吃到好吃的菜。周末去那儿吃饭的人特别多，要先打电话才能有地方。我打算吃完饭再在山上走走，呼吸一下儿新鲜的空气。

（一）听第一遍，选择正确答案

1. 张丽最近为什么很忙？【B】

2. 他们想什么时候去爬山？【C】

3. 山上的饭馆儿怎么样？【C】

4. 吃完饭他打算做什么？【A】

（二）听第二遍，在横线上填出听到的汉字

1. 最近__一直__没看到张丽，听说她找到了一份新__工作__。

2. 我想和张丽见面聊天儿，休息一下儿，放松放松__心情__。

3. 我想在她家门口__集合__，因为那座山离她家不太远。

4. 在山上的饭馆儿吃饭能看到美丽的__风景__。

5. 去那里吃饭的人__特别__多，要先打电话才能有__地方__。

6. 吃完饭再在山上走走，__呼吸__一下儿__新鲜__的空气。

（三）听第三遍，回答问题

略

短文二　毕业旅行

下星期我要和同学们一起参加毕业旅行。学校说我们可以选择去颐和园或者去爬长城。听说颐和园是个很大的公园，里面的风景很美，很多老人都去那里锻炼身体。但是我们班同学都想去长城看看，因为长城是中国最有名的地方，不但有绿树红花、风景优美，空气特别新鲜，而且大家还能有说有笑地一起爬。我们还听说过这样一句话："不到长城非好汉。"我们都想做"好汉"！最重要的是全班同学一块儿玩儿才最有意思。

（一）听第一遍，选择正确答案

1. 他们什么时候去旅行？ 【C】
2. 他们为什么去旅行？ 【D】
3. 他们班打算去哪儿旅行？ 【A】
4. 关于长城，下面哪个不对？ 【C】

（二）听第二遍，在横线上填出听到的汉字

1. 下个星期我要和同学们一起参加毕业__旅行__。
2. 学校说我们可以__选择__去颐和园__或者__去爬长城。
3. 很多老人都去颐和园锻炼__身体__。
4. 但是我们班同学都想去__长城__看看。
5. 大家能__有说有笑__地一起爬长城。
6. 最__重要__的是全班同学一块儿玩儿才最有意思。

（三）听第三遍，回答问题

略

第二十课

我六岁就会游泳了

一　语音与词语练习

(一)听后跟读生词

1. 最近　2. 好像　3. 减肥　4. 练习　5. 问题
6. 平时　7. 邻居　8. 叔叔　9. 参加　10. 组织
11. 比赛　12. 经常　13. 锻炼　14. 环境　15. 游泳
16. 胖瘦　17. 堵车　18. 天气

(二)听录音，画出听到的音节

1. A. zuìjìn(最近)　2. B. jiǎnféi(减肥)　3. C. wèntí(问题)
4. A. zǔzhī(组织)　5. A. shūshu(叔叔)　6. C. cānjiā(参加)
7. A. wūrǎn(污染)　8. B. bǐsài(比赛)

(三)在横线上填出听到的音节

1. __zuì__近(最近)　2. __liàn__习(练习)　3. __píng__时(平时)
4. __shū__叔(叔叔)　5. 自__xíng__车(自行车)　6. __zǔ__织(组织)
7. __jīng__常(经常)　8. 锻__liàn__(锻炼)

(四)标出画线词语的声调

1. Diéyǒng jìshù shì zài wāyǒng dòngzuò shang __yǎnbiàn__ érlái de.(蝶泳技术是在蛙泳动作上演变而来的。)

2. Jiǎnféi shǔyú yǐ jiǎnshǎo __tǐzhòng__ wéi mùdì de xíngwéi fāngshì.(减肥属于以减少体重为目的的行为方式。)

3. Gòngxiǎng dānchē shì yì zhǒng xīnxíng gòngxiǎng __jīngjì__.(共享单车是一种新型共享经济。)

4. Yǔtiān __lùhuá__ qíchē yào duōjiā zhùyì.(雨天路滑骑车要多加注意。)

5. Wěiqì páifàng __zàochéng__ dàqì wūrǎn.（尾气排放造成大气污染。）

6. Tā néng hé wǒmen __yìqǐ__ cānjiā huìyì ma?（他能和我们一起参加会议吗？）

7. Hěn duō wàiguó xuésheng xiǎng lái Zhōngguó __liúxué__.（很多外国学生想来中国留学。）

8. Wǒmen cóng __zǎoshang__ bā diǎn bàn dào shí'èr diǎn shàngkè.（我们从早上八点半到十二点上课。）

（五）听录音，选择听到的句子

1. Wǒ liǎojiě tā,tā bú huì zhème zuò de.（我了解他，他不会这么做的。） 【A】

2. Wǒmen kàn wǎnshang de diànyǐng, zěnmeyàng?（我们看晚上的电影，怎么样？） 【B】

3. Kuài bǎ tāmen fàngkāi.（快把他们放开。） 【A】

4. Huánjìng wūrǎn yǐnqǐ guǎngfàn guānzhù.（环境污染引起广泛关注。） 【A】

5. Xiànzài fàngshǒu shì zuìhǎo de xuǎnzé.（现在放手是最好的选择。） 【B】

6. Shìdàng de duànliàn néng jiǎnqīng tǐzhòng.（适当的锻炼能减轻体重。） 【B】

7. Nǐ cānjiā chànggē bǐsài le ma?（你参加唱歌比赛了吗？） 【A】

8. Bú àn guīzé xíngshǐ shì zàochéng jiāotōng yōngdǔ de zhǔyào yuányīn.（不按规则行驶是造成交通拥堵的主要原因。） 【A】

二　句子练习

（一）听句子，选择正确答案

1. 我想要这两个，您能不能再说一遍一共多少钱？
   问：他可能在做什么？ 【B】

2. 这位同学，不好意思，我们这儿五点以后只能看书不能借书。
   问：这儿可能是哪儿？ 【A】

3. 老师，李明旅游回来以后就病了，今天不能来上课了。
   问：李明今天为什么没来上课？ 【C】

4. 听说王刚会踢足球，你去问问他能不能参加比赛。
   问：他们参加什么比赛？ 【A】

5. 爸爸喝酒了不能开车，我们还是坐出租车回去吧。
   问：爸爸为什么不能开车？ 【A】

6. 我来中国以前就会说汉语，现在我在中国学习音乐。

问：下面哪句话对？【C】

7. 不好意思，我只会英语，不会法语，您说的我听不懂。

问：他不会什么？【B】

8. 孩子睡觉了，你别在这儿听音乐，去旁边的房间听吧。

问：下面哪句话不对？【B】

9. 我不会跳舞，妹妹会，你可以邀请她跟你去参加晚会。

问：谁会跳舞？【B】

10. 我平时都是骑车来上班，今天迟到了才坐出租车来。

问：他今天怎么来的？【B】

（二）听句子，判断正误（对的画"√"，错的画"×"）

1. 喝酒以后不能开车，我今天开车来的，就不喝酒了。（×）
2. 邻居家的小孩一岁就会走路了，我家孩子现在还只能爬。（×）
3. 骑车出行不污染环境，以后要多骑车少开车。（×）
4. 这么多作业，晚上我不能去看电影了，你跟玛丽去吧。（√）
5. 我会游泳是我爸爸教的，他是我最好的老师。（×）

三　对话理解

（一）听对话，选择正确答案

1. 男：今天的雨怎么这么大，你回家还是别骑自行车了。

女：是啊，我爸爸一会儿开车来接我。

问：女的怎么回家？【C】

2. 女：我想报名这次的比赛，我从小就和爸爸学习游泳！

男：那这次比赛你肯定没问题。

问：女的参加什么比赛？【C】

3. 女：小林，你平时不都是坐公车吗，今天怎么开车来了？

男：雨太大了，公共汽车不好等，我又不想迟到。

问：今天天气怎么样？【B】

4. 女：这都几点了你怎么才来？电影还有十分钟就开始了。

男：经理不走我也不能下班，你是不是还没买喝的东西呢？我去买吧。

问：男的怎么了？ 【B】

5. 男：今天是周末，咱们晚上去看电影吧？

女：去看京剧怎么样？你现在学习汉语，我觉得你会感兴趣的。

问：下面哪句话对？ 【D】

6. 男：丽丽，你最近怎么胖了不少啊？

女：我男朋友特别喜欢吃油腻的东西，每天和他一起吃饭，能不胖吗！

问：女的为什么胖了？ 【C】

(二)听长对话，选择正确答案

对话一

女：老师，听说学校开了游泳班，现在能报名吗？

男：今天不行，今天星期二，报名的老师一、三、五上班。

女：不好意思，我的汉语不太好，您能不能再说一遍，什么是"一三五"？

男：就是星期一、星期三和星期五。

女：哦，那什么时候上课呢？

男：每天晚上五点，每次一个半小时。

女：每次课多少钱呢？

男：二十次三百块，四十次便宜些，是五百块。

问：1. 女的想上什么课？ 【B】

2. 今天星期几？ 【B】

3. 关于游泳课的价钱，下面哪个对？ 【A】

对话二

男：玛丽，今天的游泳课你怎么没来？你怎么了？

女：老师，我病了，所以不能去上课，我感冒了。

男：怎么感冒的？你吃药了没有？

女：星期一下课回家时下了大雨，晚上我就感冒了。已经吃了两天药了还没好。

男：那你还是去医院看看病吧。

女：嗯，等我男朋友下课以后，我们一起去医院。

问：1. 男的可能是什么人？ 【A】

2. 女的为什么没去上课？【B】

3. 女的和谁去医院？【B】

四 短文理解

短文一 坚持运动

最近我总是生病，也瘦了很多。大家都建议我多去锻炼。老师说可以去游泳，可是我不会游泳。学校里有游泳课，但是二十次就要三百块钱，我觉得太贵了。王红让我和她每天早上一起去操场跑步，她说跑步能锻炼身体，还能减肥。玛丽建议我骑自行车。我最喜欢这个建议，现在到处都是共享单车，又方便又便宜。天气好的时候，和朋友们一起骑车到处去逛逛，看看路上的风景，呼吸呼吸新鲜空气，心情也会好。这些建议都不错，但是选哪个运动都要坚持才有用。

（一）听第一遍，选择正确答案

1. 他最近为什么瘦了？【C】

2. 老师有什么建议？【B】

3. 玛丽建议他做什么？【C】

4. 跑步有什么好处？【C】

（二）听第二遍，在横线上填出听到的汉字

1. 最近我__总是__生病，也瘦了很多。

2. 大家都__建议__我多锻炼。老师说可以去__游泳__，可是我不会。

3. 跑步能锻炼身体，还能__减肥__呢。

4. 玛丽建议我可以骑__自行车__。

5. 现在__到处__都是共享单车，又方便又__便宜__。

6. 这些建议都不错，但是选哪个运动都要__坚持__才有用。

（三）听第三遍，回答问题

略

短文二 没有驾照不能开车

一天，我和麦克想去附近的公园爬山。公园离麦克家不太远，开车去很方便。我问麦克会不会开车。麦克说他会开车，但是不能开车。因为他没有中国的驾照。我说没关系，我有驾照也会开车，但不会倒车。所以我们打算我开车去公园，麦克帮我停车。我们到了公园门口，看到那里已经没有地方停车了。我们又开了很远，才找到停车的地方，从停车的地方走了半小时才到公园门口。这时我们俩都累了，谁都不想爬山了，我们就坐在公园的椅子上聊天儿。快到中午的时候，我们就又走回停车的地方开车回家了。

(一)听第一遍，选择正确答案

1. 他们打算去附近的公园做什么？ 【B】
2. 麦克为什么不能开车？ 【A】
3. 他会开车，但不会做什么？ 【C】
4. 下面哪句话对？ 【B】

(二)听第二遍，在横线上填出听到的汉字

1. 我和麦克想一起去附近的公园__爬山__。
2. 麦克不能开车，__因为__他没有中国的驾照。
3. 我们__打算__我开车去公园，麦克帮我__停车__。
4. 到了公园__门口__，看到那里已经没有__地方__停车了。
5. __从__停车的地方走了__半小时__才到公园门口。
6. 快到中午的__时候__，我们又走回停车的地方开车回家了。

(三)听第三遍，回答问题

略

第二十一课

蓝的好看还是黄的好看

一　语音与词语练习

(一)听后跟读生词

1. 结婚　2. 婚礼　3. 新娘　4. 皮鞋　5. 颜色
6. 蓝色　7. 更　8. 合适　9. 宾馆　10. 选
11. 举行　12. 国家　13. 开始　14. 客人　15. 裙子
16. 传统　17. 但是　18. 换衣服

(二)听录音,画出听到的音节

1. B. jiéhūn(结婚)　2. A. qúnzi(裙子)　3. A. kāishǐ(开始)
4. B. bīnguǎn(宾馆)　5. C. jǔxíng(举行)　6. A. guójiā(国家)
7. A. kèrén(客人)　8. C. yánsè(颜色)

(三)在横线上填出听到的音节

1. 合__shì__(合适)　2. __bāng__忙(帮忙)　3. 黄__sè__(黄色)
4. __chuán__统(传统)　5. 但__shì__(但是)　6. 新__niáng__(新娘)
7. __hūn__礼(婚礼)　8. 皮__xié__(皮鞋)

(四)标出画线词语的声调

1. Bāozi shì Tiānjīn de chuántǒng __měishí__.(包子是天津的传统美食。)
2. Wǒ xiǎng mǎi yì tiáo__liányīqún__.(我想买一条连衣裙。)
3. Zhè shuāng __gāogēnxié__ hěn shìhé nǐ.(这双高跟鞋很适合你。)
4. Zhōngguó de hūnlǐ duō yǐ hóngsè __wéizhǔ__.(中国的婚礼多以红色为主。)
5. Xīnláng yǔ qīnyǒu dào __nǚfāng__ jiā yíngqǔ xīnniáng.(新郎与亲友到女方家迎娶新娘。)
6. Duōshù xīnniáng __xuǎnzé__ chuān báisè de hūnshā.(多数新娘选择穿白色的婚纱。)
7. Qǐng gěi wǒ yì zhāng __fāpiào__.(请给我一张发票。)

8. Zhè jiā xīn kāi de fàndiàn __càisè__ búcuò.（这家新开的饭店菜色不错。）

（五）听录音，选择听到的句子

1. Tā jīngcháng qù Běijīng.（他经常去北京。） 【A】
2. Wǒmen de yánjiū méiyǒu jiéshù.（我们的研究没有结束。） 【B】
3. Zhèxiē fānyì bú duì.（这些翻译不对。） 【A】
4. Qǐng nǐ tántan Zhōngguó de Tiānjīn.（请你谈谈中国的天津。） 【A】
5. Xiànzài qù Ōuzhōu lǚyóu de rén yuèláiyuè duō le.（现在去欧洲旅游的人越来越多了。）【B】
6. Zhèxiē qúnzi tài xiǎo le.（这些裙子太小了。） 【A】
7. Zhè shì tā de qīzi.（这是他的妻子。） 【A】
8. Zhèxiē fùrén dōu shì cóng Měiguó lái de.（这些富人都是从美国来的。） 【B】

二　句子练习

（一）听句子，选择正确答案

1. 这些裙子，红的和白的都不错，可我觉得蓝色的更适合我。
   问：她想买什么颜色的裙子？ 【B】
2. 黑色的手机是麦克的，那个红色的书包和手表也是他的。
   问：麦克的什么东西是黑色的？ 【C】
3. 学校这次是在一个有名的饭店开会，就在人民医院的旁边。
   问：在哪儿开会？ 【A】
4. 下了课王老师就开车走了，你可以坐我的车去找他。
   问：王老师怎么走的？ 【B】
5. 我朋友的鞋是蓝色的，我很喜欢，我也想买一双。
   问：谁的鞋是蓝色的？ 【A】
6. 那本新书是老师的，这些旧书都是我从朋友那儿借的。
   问：谁的书新？ 【B】
7. 中国的传统食物是饺子，过年的时候，家家晚饭都吃饺子。
   问：关于饺子，下面哪句话对？ 【C】
8. 这杯热咖啡不是我的，我要的是冰咖啡，你问问是不是那位小姐的。

问：下面哪句话是对的？ 【C】

9. 这七本书都是我要的，我买了这么多能不能打折啊？

问：下面哪句话是对的？ 【B】

10. 在婚礼上李红穿了条白色的裙子，我的是蓝色的，玛丽穿了条红色的。

问：谁的裙子是蓝色的？ 【C】

（二）听句子，判断正误（对的画"√"，错的画"×"）

1. 妈妈一直想买条红色的裙子，今年妈妈生日我就送她一条。 （×）
2. 这辆自行车是玛丽的，她没有汽车，只有自行车。 （×）
3. 新的书包是我的，是我出国的时候男朋友送我的。 （√）
4. 安娜在婚礼上穿了一条红裙子，大家都说她是最漂亮的新娘。 （√）
5. 离这儿最近的超市也要半个小时才能到，咱们还是开车去吧！ （√）

三　对话理解

（一）听对话，选择正确答案

1. 男：这衣服太旧了，上个星期我买了一件新的。

女：这件衣服都穿了十年了，你快穿上新衣服给我看看。

问：男的的这件衣服买了多长时间了？ 【A】

2. 女：你又换手机了，真是有钱人，你不是才换了苹果手机吗？

男：哪儿啊，新的这个是我爱人的，你看我还是以前的那个。

问：谁的手机是新的？ 【C】

3. 女：李飞，你这儿有意思的东西真多，这个黑的也是咖啡吗？

男：不是咖啡，是有名的茶叶，我的一个好朋友送的。

问：这个黑的是什么东西？ 【B】

4. 女：您好，请问这是教学楼吗？

男：不是，这儿是学生宿舍，白色的那座是教学楼。

问：女的想去哪儿？ 【C】

5. 男：大夫，这么多药，都怎么吃啊？

女：你看，这儿写的，红的一天两次，蓝的一天四次。

问：对话最可能在哪儿？【A】

6. 男：真是不明白，我们就去两天，你的箱子怎么还这么重啊？

女：这你就不懂了，女人的东西就是多。

问：女的是什么意思？【A】

（二）听长对话，选择正确答案

对话一

女：李明，你的包太旧了，买一个新的吧！

男：是啊，这两天我一直在淘宝上看呢，网上什么样子的都有。

女：有合适的吗？

男：现在还没有，好看的太贵，便宜的我又不喜欢。

女：咱们还是去商店看看吧，看到合适的你还能试试。

男：可是商店卖的都贵，我哪有那么多钱啊！

女：那你可以先在商店看一看，有合适的，再在淘宝上找一找。

问：1. 男的的包怎么样？【C】

2. 男的想从哪儿买包？【B】

3. 男的认为好看的包怎么样？【B】

对话二

男：您看这双鞋怎么样？这是今年的新款。

女：这双有点儿重，我想给孩子买双轻一点儿的。

男：这双蓝色的呢？这是今天上午刚到的。

女：这双不错，就是这个颜色我不喜欢，想要白的。

男：您家是男孩儿还是女孩儿啊？

女：男孩儿，今年十五岁了。

男：我觉得您还是买颜色深一些的，小男孩儿喜欢踢足球、打篮球，白色的太浅了。

问：1. 对话可能发生在哪儿？【C】

2. 女的给谁买鞋？【B】

3. 女的喜欢什么颜色？【C】

四　短文理解

短文一　李小英的桌子

李小英的桌子上有很多东西。香水是法国的，她每天出门前都要用。旁边有个白色的瓶子，里面是茶叶，是一个朋友送的。桌子的左边还有一些书，新的是李小英的，旧一点儿的是从图书馆借的。李小英很喜欢看书，她每天都去图书馆学习，有时候还借很多书回宿舍看。桌子的里面放着鲜花和蛋糕，这些都是她男朋友送的。她男朋友是个法国人，很喜欢送她小礼物。李小英还有一个和她男朋友一样的杯子，但她的是粉色的，男朋友的是蓝的。桌子上还有一个新手机，这是她过生日的时候，爸爸妈妈送给她的生日礼物。

（一）听第一遍，选择正确答案

1. 李小英的桌子上没有什么？　【C】
2. 关于茶叶，下面哪个说法对？　【D】
3. 哪些书是李小英的？　【A】
4. 她男朋友的杯子是什么颜色的？　【C】

（二）听第二遍，在横线上填出听到的汉字

1. 李小英的<u>　桌子　</u>上有很多东西。
2. 香水是<u>　法国　</u>的，<u>　茶叶　</u>是一个朋友送的。
3. 李小英很<u>　喜欢　</u>看书，她每天都去<u>　图书馆　</u>学习。
4. 桌子的里面放着鲜花和<u>　蛋糕　</u>，这些都是她男朋友送的。
5. 她男朋友很喜欢送她小<u>　礼物　</u>。
6. 桌子上还有一个新手机，是她爸爸妈妈<u>　送给　</u>她的生日礼物。

（三）听第三遍，回答问题

略

短文二　女人的东西就是多

上个星期我和李小英去上海旅游。我们就去两天，可是她的箱子还是特别重。打开一看，天啊，箱子里面什么都有啊！裙子黄的、绿的就有七八条，还有裤子啊、衣服啊有很多，鞋子高的、矮的也带了好几双。还有一个小红包，包里都是日用品。箱子里还有两盒黑黑的东西，小盒里面是咖啡，大盒里是减肥药。李小英已经很瘦了，可是每天还要减肥。我觉得减肥不应该吃药，还是应该多锻炼。她还带了两本书，都是从图书馆借的。我真不明白她为什么要带这么多东西。李小英说她是女人，女人的东西就是多。

（一）听第一遍，选择正确答案

1. 他们去上海做什么？【B】
2. 箱子里没有什么？【C】
3. 放日用品的包是什么颜色的？【D】
4. 大盒里面是什么东西？【A】

（二）听第二遍，在横线上填出听到的汉字

1. 上个星期我和李小英去上海<u>旅游</u>。
2. 她的箱子里有七八条<u>裙子</u>，还有好几双<u>鞋</u>。
3. 还有一个小红包，包里都是<u>日用品</u>。
4. 箱子里还有两盒黑黑的<u>东西</u>，是咖啡和减肥<u>药</u>。
5. 李小英已经很<u>瘦</u>了，可是每天还要减肥。
6. 她还带了<u>两本</u>书，都是从图书馆<u>借</u>的。

（三）听第三遍，回答问题

略

第二十二课

我在买东西呢

一　语音与词语练习

（一）听后跟读生词

1. 一样　2. 两碗　3. 三种　4. 认识　5. 已经
6. 总是　7. 所以　8. 地方　9. 原因　10. 盘子
11. 打扫　12. 因为　13. 干净　14. 桌子　15. 椅子
16. 决定　17. 搬东西　18. 打电话　19. 健身房　20. 办公室

（二）听录音，画出听到的音节

1. A. yíyàng（一样）　2. B. bānjiā（搬家）　3. A. juédìng（决定）
4. A. zǒngshì（总是）　5. B. jiànshēn（健身）　6. C. nàme（那么）
7. B. zhèngzài（正在）　8. B. pánzi（盘子）

（三）标出画线词语的声调

1. Yīnwèi bāo diū le, suǒyǐ wǒ qù zhǎo <u>jǐngchá</u>.（因为包丢了，所以我去找警察。）

2. Zhè jiàn shìr zhēn shì tài <u>qíguài</u> le.（这件事儿真是太奇怪了。）

3. Zhè suǒ dàxué <u>fùjìn</u> yǒu hěn duō měilì de fēngjǐng.（这所大学附近有很多美丽的风景。）

4. Túshūguǎn yīlóu dàtīng yǒu yì zhāng tèbié <u>shūfu</u> de shāfā.（图书馆一楼大厅有一张特别舒服的沙发。）

5. Nǐ kěyǐ lái cānjiā wǒmen měi zhōurì de <u>héchàngtuán</u>.（你可以来参加我们每周日的合唱团。）

6. Hànyǔ <u>suīrán</u> bù róngyì xué, dànshì duì zhǎo gōngzuò yǒu <u>bāngzhù</u>.（汉语虽然不容易学，但是对找工作有帮助。）

7. Zài <u>gāosù gōnglù</u> shang kāichē tài wēixiǎn le.（在高速公路上开车太危险了。）

8. Yào xiǎng yǒu hǎo chéngjì, yīnggāi <u>jiānchí búxiè</u> de nǔlì xuéxí.（要想有好成绩，应该

坚持不懈地努力学习。)

(四)听录音,选择听到的句子

1. Zhèxiē dà duō shì hěn zhòngyào de dōngxi.(这些大多是很重要的东西。) 【B】

2. Shì zài jīchǎng de xǐshǒujiān wàibian diū de.(是在机场的洗手间外边丢的。) 【B】

3. Tā fāxiàn zìjǐ de zhànghù tūrán yǒule hěn duō qián.(她发现自己的账户突然有了很多钱。) 【B】

4. Tā zuìjìn cháng hé péngyou shìpín liáotiānr.(他最近常和朋友视频聊天儿。) 【B】

5. Wǒ fāxiàn fēicháng shòu de nǚshēng yě zài jiǎnféi.(我发现非常瘦的女生也在减肥。) 【A】

6. Zhèlǐ yǒu hěn duō zhǒng yǐzi, nǐ xǐhuan nǎ zhǒng?(这里有很多种椅子,你喜欢哪种?) 【B】

7. Gāngcái Wáng lǎoshī shuōle hěn duō zhòngyào de shìqing.(刚才王老师说了很多重要的事情。) 【B】

8. Duō qù wàibian zǒuzou kěyǐ kàndào měilì de fēngjǐng.(多去外边走走可以看到美丽的风景。) 【A】

二 句子练习

(一)听句子,选择正确答案

1. 这间新办公室有很多把漂亮的椅子。
   问:新办公室有什么? 【C】

2. 我打算今天下午先去打扫一下儿,明天上午搬家。
   问:他明天要做什么? 【B】

3. 麦克没在健身房,他去操场踢足球了。
   问:麦克现在在哪儿? 【B】

4. 玛丽正在附近的超市买东西呢,我们等她回来再复习。
   问:玛丽正在做什么? 【C】

5. 咱们的教室不太干净,下午一起打扫吧!
   问:教室怎么样? 【B】

6. 因为昨天的雨太大了,所以我们没去爬山。
   问:昨天他们为什么没去爬山? 【A】

7. 上周末，他和同屋从一楼搬到了三楼。

问：他们现在住在哪儿？【B】

8. 减肥不是我每天跑步的原因，我想锻炼锻炼身体。

问：他为什么每天跑步？【C】

9. 不但大卫喜欢打篮球，而且他弟弟也喜欢打篮球。

问：谁喜欢打篮球？【C】

10. 现在上网买东西已经是很多人的一种生活习惯了。

问：为什么很多人上网买东西？【C】

（二）听句子，判断正误（对的画“√”，错的画“×”）

1. 哥哥上星期日已经从英国留学回来了，最近在家休息呢。（×）
2. 李刚总是一个人去图书馆，因为那儿的环境很适合看书或者做作业。（√）
3. 我的新家就在办公室附近，而且离我健身的地方也不太远。（×）
4. 姐姐的裙子是蓝的，我的裙子颜色跟她的不一样。（×）
5. 山田想和哥哥一起来中国留学，但是他们还没决定来的时间。（√）
6. 丽娜没和朋友聊天，她在房间帮妹妹学汉语呢。（×）

三　对话理解

（一）听对话，选择正确答案

1. 男：喂，李红，下课了吧？你出来，咱们一起去餐厅吃午饭吧？

女：对不起，我不是李红，我是她的同屋，她正在睡觉呢。

问：他们俩在做什么？【C】

2. 男：你知道李冬现在在哪儿吗？在宿舍还是在办公室？

女：都没有，他正在健身房锻炼身体呢。

问：李冬在哪儿？【D】

3. 男：安娜，你怎么买了那么多东西？我帮你拿吧。

女：谢谢你。昨天我搬家了，所以很多东西都要换新的。

问：女的为什么买了很多东西？【A】

4. 女：你看，罗文在做什么呢？是不是在听音乐？

男：他没在听音乐，他在听昨天学的课文录音呢。

问：罗文正在做什么？【D】

5. 男：我听说你最近正在学习汉语，你打算去中国旅游吗？我也想学。

女：不是去旅游，明年一月我要去中国工作，已经学了三个月了。

问：女的为什么学习汉语？【C】

6. 女：小王，你周末为什么总是去爬山？

男：因为爬山不但可以锻炼身体，而且可以呼吸新鲜空气，放松心情。

问：哪个不是男的爬山的原因？【D】

（二）听长对话，选择正确答案

对话一

女：师傅，可以再快一点儿吗？我朋友的婚礼快开始了。

男：已经很快了，现在是下班时间，前边有点儿堵车。婚礼几点开始？

女：五点二十，还有三十分钟。

男：哦，那我们换一条路吧。远一点儿，但是不堵车。

女：大概要多长时间？

男：从这儿到那家饭店大概十五分钟。

女：好的，我们走那条路吧。谢谢您！

问：1. 他们现在在哪儿？【B】

2. 现在大概几点？【B】

3. 女的要去做什么？【D】

对话二

男：哎，王京你看，这些是我们昨天的照片。

女：这是在饭馆儿还是你的家？你们是在做什么呢？

男：是在家里。昨天是我女儿生日，我们给她举行了生日晚会，在给她过生日呢。

女：啊，张明，你家很大啊！哪个是你女儿？

男：站在桌子左边，穿红裙子的小女孩儿就是我女儿。

女：她真可爱！哎，这一张怎么没有你？

男：那时我跟妻子给女儿做饭呢。

女：这两位老人是你的父母吗？

男：不是，他们正在别的城市旅游，还没回来呢。

问：1. 张明和王京正在做什么？【B】

2. 生日晚会是在哪儿举行的？【C】

3. 谁没参加昨天的晚会？【D】

四 短文理解

短文一 搬家

上午丽亚给我打电话的时候，我和朋友正在新家附近的商店买东西。我昨天搬家了，所以要买很多东西。我买了两张桌子、几把椅子，还有一些碗和盘子什么的。商店的人看我买了很多东西，就说可以给我送到家里。真的很感谢他们。新家离办公室不太远，周围的环境也很好，而且楼下就有饭馆儿、超市、公共汽车站和地铁站，去哪儿都很方便。新房间还没有打扫，不太干净，因为上个星期我在准备考试，太忙了，同屋正在上海旅游，下个星期才回来。丽亚说她在图书馆学习呢，一会儿可以过来帮我打扫房间。现在我在新家附近的公园里等她。

（一）听第一遍，选择正确答案

1. 她没买什么东西？【C】
2. 她为什么买了很多东西？【B】
3. 她的新家在哪儿？【D】
4. 她的新家现在怎么样？【B】
5. 她的同屋正在做什么？【C】

（二）听第二遍，判断正误（对的画"√"，错的画"×"）

【1.× 2.× 3. √ 4.× 5.×】

短文二 锻炼身体

我刚来中国的时候，可能因为不太习惯这儿的天气，常常生病。而且，我总是很晚才睡觉，也不出去运动，一直在房间里上网、玩儿手机什么的，身体很不好。所以我决定好好锻炼一下儿。我每天早上去公园或者操场运动一个小时，跑跑步、踢踢足球什么的，晚上再去健身房锻炼一个小时。健身房的人特别多，很多人运动不是因为要减肥，一些很瘦的人也在健身，他们说多运动是为了有好身体，而且去公园锻炼可以呼吸新鲜空气，去健身房可以认识新朋友。对了，天气好的晚上，我也会去外边跟一些阿姨学习跳舞，她们跳的舞特别有意思。我已经习惯了这样的生活，现在我的身体很好，也认识了很多中国朋友。我每天都过得很快乐。

（一）听第一遍，选择正确答案

1. 下面哪个不是他常去运动的地方？【C】
2. 他每天锻炼多长时间？【C】
3. 他开始每天锻炼的原因是什么？【C】
4. 去健身房运动有什么好处？【D】

（二）听第二遍，判断正误（对的画"√"，错的画"×"）

【1. √　2.×　3.×　4.×】

（三）听第三遍，回答问题

略

第二十三课

我胖了还是瘦了

一　语音与词语练习

（一）听后跟读生词

1. 书包	2. 自己	3. 起飞	4. 警察	5. 快慢
6. 重要	7. 外面	8. 找人	9. 护照	10. 视频
11. 虽然	12. 照顾	13. 奇怪	14. 体重	15. 洗手间
16. 其实	17. 两次	18. 机场	19. 信用卡	20. 照相机

（二）听录音，画出听到的音节

1. B. qíguài（奇怪）　2. A. jǐngchá（警察）　3. B. zhòngyào（重要）
4. C. jīchǎng（机场）　5. A. qíshí（其实）　6. C. zìjǐ（自己）
7. B. suīrán（虽然）　8. A. xìnyòng（信用）

（三）标出画线词语的声调

1. Wǒ yǒu hěn duō <u>àihào</u>, bǐrú chànggē、tiàowǔ、dǎ lánqiú shénme de.（我有很多爱好，比如唱歌、跳舞、打篮球什么的。）

2. Zhège gōngyuán de <u>cǎodì</u> shang chángcháng zuòzhe hěn duō rén.（这个公园的草地上常常坐着很多人。）

3. Zìcóng tā <u>chūxiàn</u> yǐhòu, wǒ de shēnghuó biàn de yìtāhútú.（自从他出现以后，我的生活变得一塌糊涂。）

4. Wǒ dàile hěn duō dōngxi huíguó, <u>xínglixiāng</u> yòudàyòuzhòng,děi tuōyùn.（我带了很多东西回国，行李箱又大又重，得托运。）

5. Wǒ duì Zhōngguó gōngfu tèbié <u>gǎn xìngqu</u>, suǒyǐ lái dào zhèr liúxué.（我对中国功夫特别感兴趣，所以来到这儿留学。）

6. Nà wèi lǎo <u>huàjiā</u> tūrán ná chūlai yì zhī huàbǐ kāishǐ <u>huàhuàr</u>.（那位老画家突

然拿出来一支画笔开始画画儿。）

7. Shìchǎng jīngjì jìngzhēng hěn lìhai, <u>shāngchǎng</u> hǎoxiàng <u>zhànchǎng</u> yíyàng.（市场经济竞争很厉害，商场好像战场一样。）

8. Zhè jǐ nián <u>shǒujī zhīfù</u> zài rìcháng shēnghuó zhōng yuèláiyuè pǔbiàn le.（这几年手机支付在日常生活中越来越普遍了。）

（四）听录音，选择听到的句子

1. Tā gāngcái shuō de nà zhǒng fāngfǎ yǐjīng bù shíyòng le.（他刚才说的那种方法已经不实用了。） 【B】

2. Nǎinai háishì bú tài xíguàn chéngshì li de shēnghuó.（奶奶还是不太习惯城市里的生活。） 【B】

3. Tā juéde zìjǐ hǎoxiàng zǒu jìn le yí ge huànjìng.（他觉得自己好像走进了一个幻境。）【A】

4. Wǒ méi gēn tā tíguò shòudào jiǎnglì de shìqing.（我没跟他提过受到奖励的事情。）【A】

5. Tāmen zhèng chǔyú qiúzhī jiēduàn,nǐ yīnggāi duō gǔlì.（他们正处于求知阶段，你应该多鼓励。） 【B】

6. Lǎolǐ jiā li wéiyī de nǚ 'ér shàng ge yuè chūjià le.（老李家里唯一的女儿上个月出嫁了。） 【A】

7. Zhè wèi jiàoshòu rènwéi jīchǔ jiàoyù hěn zhòngyào.（这位教授认为基础教育很重要。）【B】

8. Sùshè li xīn huàn de chuángdān shì tiānlánsè de.（宿舍里新换的床单是天蓝色的。）【A】

二　句子练习

（一）听句子，选择正确答案

1. 李飞的信用卡昨天丢了，他很着急。
   问：李飞的什么东西丢了？ 【B】
2. 小星的男朋友是一位警察，长得特别帅。
   问：小星的男朋友是干什么的？ 【B】
3. 山田没在办公室，他正在机场准备上飞机呢。
   问：山田现在在哪儿？ 【A】
4. 香蕉昨天才五块钱一斤，今天六块五一斤了。

问：香蕉怎么了？ 【A】

5. 玛丽六月还七十公斤呢，暑假回来减了十五公斤，好像变了个人。

问：玛丽现在怎么样？ 【A】

6. 小明今天没来上班，他告诉经理他病了，其实他跟朋友去旅游了。

问：小明为什么没来上班？ 【C】

7. 来中国以后，我很想我的家人，所以每个周末都跟他们视频聊天儿。

问：他每个周末都做什么？ 【C】

8. 真奇怪，我不认识那个男人，他怎么知道我的电话号码？

问：那个男人为什么知道他的电话号码？ 【B】

9. 虽然这家饭馆儿的环境非常好，但是菜一点儿都不好吃，我再也不想来了。

问：关于那家饭馆儿，下面哪句话不对？ 【B】

10. 麦克新买的手机照相特别清楚，请他给我们照几张照片吧！

问：关于麦克，下面哪句话对？ 【C】

（二）听句子，判断正误（对的画"√"，错的画"×"）

1. 姐姐从去年十月结婚以后就不工作了。 （×）
2. 虽然我学了五年汉语，语法不错，但是口语还是不太好。 （×）
3. 小红每天下课以后都要去医院照顾生病住院的妈妈。 （×）
4. 大家都觉得我长高了，但其实是因为我瘦了，看起来高了。 （√）
5. 再多买一张火车票吧，王芳又想跟我们一起去上海了。 （√）
6. 虽然最近哥哥的工作很忙，但是他还是每天坚持去健身房锻炼。 （×）

三　对话理解

（一）听对话，选择正确答案

1. 男：电影还有十分钟开始，咱们快点儿进去吧！

女：啊，已经八点二十了？我的表才刚八点。

问：根据对话，下面哪句话对？ 【D】

2. 女：刚买的水果不太干净，吃了容易生病，你去洗洗再吃吧。

男：我每次都不洗，没事儿，我身体好。

问：根据对话，下面哪句话对？【B】

3. 男：美娜，听说这个暑假你打算去香港旅游？什么时候去？

女：不去了，我最好的朋友下星期结婚，我要回国参加她的婚礼。

问：美娜暑假要做什么？【D】

4. 男：哎，小美，你最近是不是胖了？

女：唉，是呢，其实我不太注意自己的体重，但是最近发现以前的衣服都不能穿了。

问：小美最近怎么了？【B】

5. 男：哎呀，又忘了去银行取钱了，我还想去超市买东西呢。

女：我的钱包里也没有现金了，没关系，用信用卡吧。

问：根据对话，下面哪句话不对？【C】

6. 女：你怎么现在才来，不能早出来一会儿吗？你再晚来一刻钟，飞机就起飞了。

男：其实我出来得挺早的，我在半路才发现没带护照，又回去拿，所以来晚了。

问：根据对话，下面哪句话对？【C】

（二）听长对话，选择正确答案

对话一

男：您好，请问王老师是在这个办公室吗？

女：对，但是她现在不在。你找她有什么事吗？

男：我叫克文，去年跟王老师学习汉语，毕业以后很想她，所以回来看看。

女：哦，欢迎欢迎。王老师去图书馆了，你进来等她一会儿吧。

男：您知道她去了多长时间了？

女：已经半个小时了，快回来了，她说一个小时就回来。她一会儿还有课。

男：好的，那我在这儿等她一会儿，谢谢您。

问：1. 王老师现在在哪儿？【C】

2. 王老师去了多长时间了？【A】

3. 关于男的，下面哪句话对？【C】

对话二

女：王林你看，现在这儿有山有水，风景真漂亮啊！

男：是啊，现在和以前可不一样了，我都快不认识了。

女：咱们上次来的时候没有这么多人，现在来旅游的人可真不少。

男：以前空气也没这么好，现在树多了，周围环境变好了，人们都想来了。

女：对，能呼吸新鲜的空气，心情也会变好。
男：你这么喜欢这儿，咱们带孩子搬到这儿住吧。
女：那就算了吧，还是住在城市里更方便。
问：1. 男的和女的可能是什么关系？ 【C】
2. 这个地方以前怎么样？ 【D】
3. 关于女的，下面哪句话不对？ 【D】

四　短文理解

短文一　钱包丢了

今天早上我去机场送朋友，飞机起飞后我去了洗手间，回来的时候发现钱包丢了。虽然钱包里没有多少现金，只有一张信用卡和一张照片，信用卡可以做新的，但是这个钱包是男朋友送给我的生日礼物，非常重要，所以我特别着急。我去了机场的餐厅、洗手间和附近可能去过的地方，都没找到。然后，我想到我和朋友是坐出租车来机场的，可能钱包忘在了出租车上，但是我不知道司机的电话号码，也没记住车的号码，怎么办呢？我决定找警察，就在这个时候，我接到了警察的电话，说有一位出租车司机在他的车上发现了我的钱包，就送到了警察局。真是太谢谢那位司机了！

（一）听第一遍，选择正确答案

1. 今天她为什么去机场？ 【A】
2. 钱包里没有什么？ 【C】
3. 钱包丢了，她为什么特别着急？ 【D】
4. 她的钱包丢在了什么地方？ 【C】
5. 是谁发现了她的钱包？ 【D】

（二）听第二遍，判断正误（对的画“√”，错的画“×”）

【1.×　2.×　3. √　4.×　5.×】

短文二　谁病了

美丽去年九月来天津大学学习，到现在已经半年多了。虽然她学习汉语的时间不长，但是因为常和中国人聊天儿，所以她的口语非常好。美丽特别喜欢吃中国菜和水果，喜欢这里的天气，也习惯了这儿的生活，但是有时候不太会照顾自己。昨天美丽和几个中国朋友去饭馆儿吃晚饭，他们吃了很多羊肉，然后美丽又吃了很多饭馆儿送的凉西瓜。从饭馆儿出来的时候，外面正在下雨，雨很大，美丽有点儿冷，回到房间，她觉得更不舒服了，就打算马上睡觉。同屋发现她发烧了，就想带她去医院，但美丽不想去。同屋在房间找了一些药给她吃，然后一直照顾她。今天，美丽不发烧了，但是她的同屋又病了。

（一）听第一遍，选择正确答案

1. 美丽来中国多长时间了？【A】
2. 为什么美丽的口语很好？【D】
3. 下面哪个东西美丽昨天没有吃？【C】
4. 美丽的身体现在怎么样？【C】

（二）听第二遍，判断正误（对的画"√"，错的画"×"）

【1.×　2.×　3. √　4.×】

（三）听第三遍，回答问题

略

第二十四课

我想学唱中国歌

一　语音与词语练习

（一）听后跟读生词

1. 如果	2. 兴趣	3. 容易	4. 帮助	5. 了解
6. 声音	7. 担心	8. 毕业	9. 舒服	10. 样子
11. 文化	12. 秋天	13. 丈夫	14. 试衣服	15. 开公司
16. 爱好	17. 歌词	18. 音乐	19. 合唱团	20. 咖啡馆

（二）听录音，画出听到的音节

1. A. dānxīn（担心）　2. B. yàngzi（样子）　3. A. zhàngfu（丈夫）
4. C. shūfu（舒服）　5. B. yīnyuè（音乐）　6. B. bāngzhù（帮助）
7. C. héchàng（合唱）　8. A. qiūtiān（秋天）

（三）标出画线词语的声调

1. Màikè měitiān zǎoshang dōu zài <u>cāochǎng</u> shang pǎobù.（麦克每天早上都在操场上跑步。）

2. Wǒ bú xiàng bié de nǚháir nàyàng <u>zàihu</u> zìjǐ de tǐzhòng.（我不像别的女孩儿那样在乎自己的体重。）

3. Běijīng de qiūtiān <u>mǎndì</u> dōu shì huánghuáng de luòyè.（北京的秋天满地都是黄黄的落叶。）

4. Zài xīn kāi de nà jiā kāfēiguǎn li yuēhuì yòu <u>làngmàn</u> yòu ānjìng.（在新开的那家咖啡馆里约会又浪漫又安静。）

5. Hòutiān tā děi qù yí ge běifāng de chéngshì <u>chūchāi</u>.（后天他得去一个北方的城市出差。）

6. Tā fēicháng xǐhuan kàn zhège <u>nányǎnyuán</u> de biǎoyǎn.（她非常喜欢看这个男演员

的表演。）

7. Měitiān wǔfàn hòu māma dōu huì zuò zài __chuángqián__ kàn __yíhuìr__ shū.（每天午饭后妈妈都会坐在床前看一会儿书。）

8. Wǒmen __tǎolùn__ le yí ge xiǎoshí hái méiyǒu __jiéshù__.（我们讨论了一个小时还没有结束。）

（四）听录音，选择听到的句子

1. Nà zhǒng yánsè tài xiānyàn le, bú shìhé wǒ.（那种颜色太鲜艳了，不适合我。） 【A】

2. Zhè jiā shāngchǎng de shāngpǐn tuìhuànlǜ hěn gāo.（这家商场的商品退换率很高。）【A】

3. Tāmen jiā měi ge yuè de huāfèi fēicháng shǎo.（他们家每个月的花费非常少。） 【B】

4. Tā cóng xiǎoxué wǔ niánjí jiù kāishǐ xué huáxuě.（他从小学五年级就开始学滑雪。）【B】

5. Nǐ kuài qù zhǎo yi zhǎo tā de tōngxùn dìzhǐ ba.（你快去找一找她的通讯地址吧。） 【B】

6. Zuótiān wǒ qù fùjìn de shāngdiàn mǎile yì shuāng xuēzi.（昨天我去附近的商店买了一双靴子。） 【A】

7. Wáng Fāng zài gōngsī zhǔyào fùzé yuángōng de tuìxiū gōngzuò.（王芳在公司主要负责员工的退休工作。） 【B】

8. Nǐ jīntiān shuō de zhège gùshi shìrén jiēzhī.（你今天说的这个故事世人皆知。） 【A】

二　句子练习

（一）听句子，选择正确答案

1. 今天晚上八点我们在学校附近的咖啡馆儿见面吧。

问：他们晚上在哪儿见面？ 【C】

2. 妹妹打算暑假的时候参加一个合唱团。

问：妹妹打算参加什么？ 【B】

3. 最好秋天去北京，天气不冷不热，很舒服。

问：应该什么季节去北京？ 【B】

4. 哥哥有很多爱好，跳舞、游泳、踢足球什么的。

问：哪个不是哥哥的爱好？ 【A】

5. 山田觉得汉语的语法很容易，但是发音很难。

问：山田觉得什么容易？ 【B】

6. 我和玛丽已经一起住了三年了，所以很了解她。

问：她为什么很了解玛丽？ 【C】

7. 姐姐还有半年才毕业呢，但是已经找到工作了。

问：关于姐姐，下面哪句话对？ 【A】

8. 小红找男朋友特别注意声音，样子和个子都不太重要。

问：小红喜欢什么样的男朋友？ 【C】

9. 虽然这不是弟弟第一次去外国，但是妈妈还是很担心他不会照顾自己。

问：妈妈为什么担心弟弟？ 【B】

10. 如果明天下雨，我们就在房间休息，后天再去爬山吧。

问：如果明天下雨，我们可能做什么？ 【B】

（二）听句子，判断正误（对的画"√"，错的画"×"）

1. 小明今天身体不舒服，所以不能来上课。 （×）
2. 山田对中国的传统文化特别感兴趣，所以来中国留学。 （√）
3. 那条蓝色的裙子很漂亮，但我还是想试一试再买。 （×）
4. 李华想去旅游吗？如果她去，那么我也去。 （√）
5. 多看中国电影、学唱中国歌，对外国人学习汉语非常有帮助。 （×）
6. 马克毕业以后不打算回国，他想在这儿开一家饭馆儿。 （×）

三　对话理解

（一）听对话，选择正确答案

1. 女：对不起，先生，您不能在这儿抽烟，很多客人还在吃饭。

男：不好意思，我马上去外面。

问：他们现在可能在哪儿？ 【C】

2. 男：美丽，你的口语真好，发音好像中国人一样，有什么好方法吗？

女：多交几个中国朋友，常常和他们聊天儿。

问：他们在谈什么？ 【B】

3. 女：听说你会开车？我还不会呢，但是不想去学校学，你教教我吧。

男：对不起，今天中午我喝酒了，现在不能教你，明天吧。

问：男的为什么不教女的开车？【C】

4. 男：李冬想去看电影，但是我没什么兴趣，咱们去听音乐会吧！

女：对不起，小明，其实，我对音乐不感兴趣。

问：女的是什么意思？【B】

5. 女：你发烧了，如果觉得不舒服，就不要去参加比赛了。

男：没关系，我能坚持，我可以去。

问：根据对话，下面哪句话对？【C】

6. 男：下个星期我和克里要去上海，你想不想跟我们一起去？

女：我也很想去，但下星期一开始我要学习跳舞。

问：根据对话，下面哪句话对？【A】

（二）听长对话，选择正确答案

对话一

男：爱玛，你会唱这么多中文歌啊。

女：唱歌是我的爱好，新歌一般听两三遍我就会唱了。

男：我喜欢听中文歌，但是不会唱。中文歌词这么难，你是怎么记的呢？

女：对，歌词是不太容易记，如果我记不清楚，就改歌词。

男：你真有意思。下次我也试试。对了，还可以用这个方法背课文。

女：用这个方法练习口语还不错，但是如果这样背课文，我担心咱们的老师会不高兴。

问：1. 女的的爱好是什么？【A】

2. 关于女的，下面哪句话对？【B】

3. 关于男的，下面哪句话不对？【D】

对话二

女：科文，你最近怎么总是迟到？今天又来晚了！

男：对不起，老师，我也不想迟到，我的手表有问题，慢了半个小时。

女：那昨天为什么迟到呢？

男：昨天我的同屋里克生病了，不能去上课，我帮他去办公室请假。

女：那前天为什么没下课就走了？

男：我的同胞丽丽要回国，她不会说汉语，我担心她一个人，所以送她去机场。

女：你很喜欢帮助别人啊！但是，如果你明天再迟到，就不能参加考试了！

男：好的，老师，我明天一定早来！今天我可以早走一会儿吗？我头有点儿疼。

问：1. 女的是谁？【C】

2. 科文今天为什么迟到？【B】

3. 关于丽丽，下面哪句话不对？【B】

四　短文理解

短文一　我爱中国文化

我叫山下，是一名日本留学生，十岁的时候我第一次在电视上看到中国电影，觉得好看极了，从那以后，我开始对中国文化、中国的生活有了很大的兴趣。高中毕业那年的暑假，父母带我来中国旅游，那是我第一次来到中国。我们去了很多城市，玩得特别高兴，也是因为这次旅游，我决定来中国上大学。去年九月来中国以后，我每天都努力地学习汉语，没事儿时我喜欢听音乐，看中文书和中国电影。昨天同学图克来找我，他说我的声音很好听，很适合参加合唱团，如果我有兴趣，可以跟他们一起学唱中文歌，还能参加比赛呢。虽然我知道自己的发音不太好，中文歌的歌词也不容易学，但是学中文歌对我了解中国文化有帮助，所以我很想试试。

（一）听第一遍，选择正确答案

1. 山下第一次来中国是什么时候？【D】
2. 山下开始对中国文化有兴趣是因为什么？【C】
3. 下列哪项在文中没有提到？【D】
4. 图克为什么想请山下参加合唱团？【B】
5. 山下想学唱中文歌是为了什么？【C】

（二）听第二遍，判断正误（对的画“√”，错的画“×”）

【1.×　2.×　3.×　4.×　5. √】

短文二　里夫的餐厅

里夫是法国人，去年大学毕业以后不想回国，就和一个中国朋友在学校附近开了一家餐厅。里夫一直对做饭很有兴趣，他不但会做法国菜，而且还跟朋友学会了一些中国菜。如果你去他的餐厅吃饭，就可以吃到很多国家的菜。里夫的餐厅环境很不错，桌子、椅子、杯子、碗什么的都很漂亮。墙上还有几张里夫自己画的画儿和朋友旅游时拍的照片。没有位子的时候，你还可以坐在餐厅门口舒服的沙发上等。因为餐厅开在学校附近，所以现在去那里吃饭的很多都是周围几个学校的学生，有中国学生也有留学生。现在里夫的餐厅客人很多，他跟朋友特别忙，但是他觉得每天都过得特别快乐。

（一）听第一遍，选择正确答案

1. 里夫的餐厅在什么地方？【C】

2. 下列哪项文中没有提到？【B】

3. 餐厅人多的时候，可以在什么地方等？【C】

4. 关于里夫的餐厅，下面哪句话不对？【B】

（二）听第二遍，判断正误（对的画"√"，错的画"×"）

【1.×　2.×　3. √　4.×】

（三）听第三遍，回答问题

略

第二十五课

昨天吃了晚饭做什么了

一　语音与词语练习

（一）听后跟读生词

1. 上班	2. 关系	3. 比较	4. 散步	5. 放心
6. 公司	7. 会议	8. 季节	9. 出发	10. 一定
11. 非常	12. 根据	13. 出差	14. 同事	15. 除了
16. 一段路	17. 厚衣服	18. 行李箱	19. 长头发	20. 改错句

（二）听录音，画出听到的音节

1. C. huìyì（会议）　　2. B. tóngshì（同事）　　3. B. guānxi（关系）

4. A. jìjié（季节）　　5. C. bǐjiào（比较）

（三）标出画线词语的声调

1. Zuìjìn Wáng jīnglǐ jīngcháng dào wàidì <u>chūchāi</u>.（最近王经理经常到外地出差。）

2. <u>Xiǎo Zhāng</u> qùnián dāngshangle zhè suǒ xuéxiào de <u>xiàozhǎng</u>.（小张去年当上了这所学校的校长。）

3. Zhè zhǒng huà nǐ méiyǒu <u>gēnjù</u> bùnéng <u>suíbiàn</u> luàn shuō.（这种话你没有根据不能随便乱说。）

4. Māma tuìxiū yǐhòu xiǎng bān dào yí ge <u>yǒuhuāyǒucǎo</u> de dìfang.（妈妈退休以后想搬到一个有花有草的地方。）

5. Xiǎomíng sòng gěi nǎinai de dàngāo shang xiězhe“<u>chángmìngbǎisuì</u>”.（小明送给奶奶的蛋糕上写着“长命百岁”。）

（四）判断下列句子与听到的是否一致（一致的画“√”，不一致的画“×”）

1. Zuótiān wǒ chīle zǎofàn jiù qù kàn jiàoshì le.（昨天我吃了早饭就去看教室了。）　（√）

2. XiǎoYáng de fángjiān zǒngshì nuǎnhōnghong de.（小杨的房间总是暖烘烘的。）　（×）

3. Dàjiā dōu zhīdào tā bú tài xiǎng tí yǐqián de jīnglì.（大家都知道他不太想提以前的经历。）（√）

4. Lǐ Míng pāizhào shí de zīshì tài jiāngyìng le.（李明拍照时的姿势太僵硬了。）（×）

5. Zài qù zhǎo yí ge dà yìdiǎnr de pánzi ba.（再去找一个大一点儿的盘子吧。）（×）

（五）在横线上写出听到词语的序号

1. 搬行李箱　　2. 飞机起飞　　3. 和家人散步

4. 一本很厚的书　　5. 在会议室开会　　6. 给妈妈打电话

二　句子练习

（一）听句子，选择正确答案

1. 我们今天下午三点一刻在留园门口集合，三点半出发去火车站。
   问：他们今天下午几点出发？【C】
2. 李先生不能去旅游了，他星期三要和同事一起去广州出差。
   问：李先生去广州做什么？【B】
3. 爸爸是个特别传统的人，除了中国菜以外，别的国家的菜都不喜欢吃。
   问：爸爸喜欢吃什么菜？【A】
4. 哥哥上大学的时候，除了学习英语以外，还自己学习了日语和法语。
   问：哥哥大学时学了什么语言？【C】
5. 飞机已经起飞了，放心吧，小美说到了宾馆就给我打电话。
   问：小美什么时候打电话？【D】
6. 中午我吃了午饭，去银行取了钱就回宿舍睡觉了，没去别的地方。
   问：中午他没做什么？【C】
7. 马克刚吃了晚饭就去公园跑步了，跑了一会儿就觉得肚子不舒服。
   问：马克为什么肚子不舒服？【C】
8. 今天下了班先不要回家，我请你去饭馆儿吃晚饭，然后看场电影。
   问：他们下班以后先做什么？【D】
9. 毕了业我就来了北方，在这儿生活了二十几年，我这个南方人的习惯也改得差不多了。
   问：下面哪句话对？【B】
10. 在我的国家一年只有两个季节，现在那儿非常热，而且不常下雨，你不用带厚衣服。

问：关于他的国家，下面哪句话不对？ 【C】

（二）听句子，判断正误（对的画"√"，错的画"×"）

1. 田红不是我姐姐，但我们一起工作了很多年，关系非常好。 （×）
2. 今天早上的听力课，除了阿里以外，别的同学都没迟到。 （√）
3. 根据公司的安排，下星期一他要去哈尔滨参加一个会议。 （√）
4. 吃了饭就去运动不但不能锻炼身体，而且容易生病。 （×）
5. 我们楼下的小花园有花有草，环境非常好，但去那儿散步的人太多了，所以我很少去。 （×）

三　对话理解

（一）听对话，选择正确答案

1. 男：老师，您看我现在的汉字写得怎么样？

   女：字写得好看，但是你写字的习惯真不怎么样，快点儿改一改吧。

   问：女的觉得男的写字怎么样？ 【D】

2. 女：小明，今天的五道数学题你都写完了吗？

   男：嘿嘿，还没有，但是不多了，除了正在做的这一道题，还有四道题。

   问：小明写完了几道题？ 【D】

3. 男：我刚才去了王校长的办公室，他没在。

   女：王校长在餐厅吃了午饭就去楼上开会了，要开到五点左右。

   问：王校长现在可能在做什么？ 【C】

4. 女：李刚，马上放暑假了，想去哪儿玩玩儿啊？

   男：南方大雨，北方太热，除了在房间里吃西瓜，我哪儿都不想去。

   问：男的是什么意思？ 【B】

5. 男：妈，您看我最近是不是又胖了？

   女：你呀，现在每天吃了饭就坐在沙发上看手机，也不运动，能不胖吗？

   问：女的是什么意思？ 【B】

6. 女：里夫，你昨天下午怎么没来看足球比赛啊？你不是喜欢足球吗？

   男：昨天朋友生病了，中午下了课我就送他去医院了，回来的时候已经六点多了。

   问：男的为什么没去看比赛？ 【D】

7. 男：安娜，我看你每天晚上都给父母打电话，你很想家吗？

女：是啊，父母只有我一个孩子，我又不能常常回家，现在他们年纪大了，没人照顾，我不放心。

问：女的为什么每天给父母打电话？【D】

8. 女：听说你和小赵认识很多年了，高中和大学都是同学，一定很了解他吧？

男：我们是认识很多年，但是一直不在一个班，关系也就一般。

问：关于男的和小赵，下面哪句话对？【A】

（二）听对话，判断正误（对的画"√"，错的画"×"）

男：李红，昨天晚上我给你打电话，你怎么没接啊？

女：不好意思，经理，昨天太累了，吃了晚饭就睡觉了，手机放在包里，没听到。您有什么事吗？

男：我想让你回公司改一份材料，今天去南京带给小张，明天开会要用。

女：啊，对不起，经理，我现在开车回公司拿，拿了就马上回来。

男：不用了，昨晚我已经派小刘去拿了。一会儿你在飞机上再改一改。

女：好的，没问题。咱们到了南京就去宾馆还是去找小张？

男：先回宾馆。到了南京，你就给小张打个电话，让他准备好明天的材料，晚上你们一起来我的房间。

女：明白了。经理，我还有一件非常重要的事要告诉您。我的身份证可能还在办公室。

男：昨晚小刘拿材料时发现了你的身份证，就帮你一起拿来了。唉，不知道谁才是经理！

女：嘿嘿，谢谢经理。您放心，我下次一定注意！

【1.×　2.×　3. √　4. √　5.×】

四　短文理解

短文一　可能高铁更"快"

上周三我和同学去上海参加了一场汉语比赛。出发以前同学想坐高铁，他说中国的高铁不但快而且很舒服，五个小时左右就到了，也不用很早做准备。但是我打算坐飞机去，因为坐飞机更快，只要两个小时，有时候也更便宜。我上网买了从天津到上海的飞机票，也帮同学买了高铁票。我们说好到了上海我就回宾馆等他，晚上可以吃了饭去散散步。上周三我吃了早饭就坐出租车去机场，到了机场发现因为南方很多城市下雨，很多飞机都不能起飞，我在机场等了五个多小时还是没起飞。这时同学给我打电话说他已经到上海了，说上海已经不下雨了，但是我的飞机还是不能起飞。我不想坐飞机了，改坐高铁。坐在从机场到高铁站的地铁上，我上网买到了一张没有座儿的高铁票。这天晚上十一点多我终于到了上海。这时我同学已经睡觉了。我决定以后在中国去哪儿都坐高铁。

（一）听第一遍，选择正确答案

1. 他们上周三为什么去上海？【C】
2. 从天津到上海坐飞机要多长时间？【A】
3. 哪个不是同学想坐高铁的原因？【C】
4. 他是怎么从天津到上海的？【B】

（二）听第二遍，判断正误（对的画"√"，错的画"×"）

【1. √　2. ×　3. ×　4. √】

短文二　马林和妻子的旅游习惯

马林和妻子都很喜欢旅游。马林是一家公司的经理，平时工作比较忙，但是除了周末以外，每年都有两个星期的旅游假。他的妻子是老师，但结婚以后就不工作了，所以他们常常在马林放假的时候出去旅游。马林对传统文化有很大的兴趣，所以想去有很长时间历史的城市。妻子除了喜欢有花有草、风景漂亮的地方以外，还喜欢去大城市的商场买东西。每次出去旅游，他们都要带两个大大的行李箱，因为妻子非常喜欢拍照，总担心那个地方的季节和北京不一样，常常带很多衣服。虽然马林很想帮妻子准备行李，但是他真的不知道那么多东西怎么放进行李箱。今年夏天，他们决定去俄国旅游，妻子常听说那儿非常冷，所以只带了很多厚衣服，到了那儿发现一点儿也不冷，他们带的衣服都不能穿了，但是妻子很高兴，因为她可以去商场买薄的新衣服。

（一）听第一遍，选择正确答案

1. 关于马林的工作，下面哪句话不对？【B】
2. 马林喜欢去什么样的地方旅游？【C】
3. 马林为什么不帮妻子准备行李？【D】
4. 他们去俄国为什么带了很多厚衣服？【B】

（二）听第二遍，判断正误（对的画"√"，错的画"×"）

【1. √　2. ×　3. ×　4. √】

（三）听第三遍，回答问题

略

第二十六课

她穿着一条长裙子

一　语音与词语练习

(一)听后跟读生词

1. 遇到	2. 认为	3. 感冒	4. 考试	5. 聪明
6. 可爱	7. 刚才	8. 借钱	9. 眼睛	10. 成绩
11. 浪费	12. 见面	13. 发现	14. 衬衫	15. 放着
16. 关空调	17. 灯亮了	18. 再一次	19. 穿裤子	20. 戴帽子

(二)听录音,画出听到的音节

1. B. yǎnjīng(眼睛)　2. B. fāxiàn(发现)　3. A. cōngming(聪明)

4. A. jiànmiàn(见面)　5. C. rènwéi(认为)

(三)标出画线词语的声调

1. Tā bǎ xīn mǎi de bái <u>chènshān</u> fàng zài le <u>zhuōzi</u> shang.(他把新买的白衬衫放在了桌子上。)

2. Wǒ xīwàng tā de <u>lǐxiǎng</u> néng jǐnkuài <u>shíxiàn</u>.(我希望她的理想能尽快实现。)

3. Fāngfang <u>jiǎn duǎn</u> le tā nà tóu hēihēi de <u>chángfà</u>.(芳芳剪短了她那头黑黑的长发。)

4. Wǒmen yīnggāi fǎnduì <u>pūzhāng làngfèi</u> de shēnghuó xíguàn.(我们应该反对铺张浪费的生活习惯。)

5. Tā zhǐshì <u>yìshí hútu</u> zuòle cuòwù de juédìng.(他只是一时糊涂做了错误的决定。)

(四)判断下列句子与听到的是否一致(一致的画"√",不一致的画"×")

1. Tā tèbié xiǎngshòu yǎnqián nándé de qīngjìng.(他特别享受眼前难得的清静。)　(×)

2. Tā fā chū yāoqǐng yǐhòu hái méiyǒu dédào huíyìng.(他发出邀请以后还没有得到回应。)　(×)

3. Jiějie fǎngzhào shàngcì de yàngzi yòu zuòle yí jiàn.（姐姐仿照上次的样子又做了一件。）（×）

4. Chúchuāng li fàngzhe yì kē jīngyíng de bōliqiú.（橱窗里放着一颗晶莹的玻璃球。）（√）

5. Nǐ zěnme zài shénme dìfang dōu gǎn luàn chuǎng?（你怎么在什么地方都敢乱闯？）（√）

（五）在横线上写出听到词语的序号

1. 试帽子　　2. 一条裤子　　3. 穿着裙子

4. 坐在桌子上　　5. 长长的头发　　6. 头上戴着花

二　句子练习

（一）听句子，选择正确答案

1. 楼下的小公园总是安安静静的，所以我常去那儿散步。
   问：他为什么常去那个小公园散步？【B】
2. 桌子上放着一台电脑、两本汉语书和一支红色的笔。
   问：桌子上没有什么？【C】
3. 上午我在超市遇到了一个很多年没有见面的老同学。
   问：上午他遇到了谁？【A】
4. 小红别哭了，这次考得不好没关系，下次再努力嘛！
   问：小红为什么哭？【C】
5. 床上放着洗好的三件白衬衫和两条蓝色的裤子。
   问：下面哪句话对？【B】
6. 小明，洗手间的灯可能还开着呢，太浪费电了，你去关上吧。
   问：他让小明去做什么？【C】
7. 那个穿着一条红色的长裙子，头上戴着花，正给客人倒酒的人就是新娘。
   问：哪个人是新娘？【B】
8. 王丽的男朋友是英国人，不但个子高高的，长得很帅，而且非常照顾她。
   问：关于王丽的男朋友，下面哪句话不对？【D】
9. 因为总是找不到适合他的工作，所以毕业以后他常常找朋友借钱生活。
   问：他为什么常常找朋友借钱？【C】

10. 你买的这件衣服太花了，年轻人穿着好看，但咱妈不一定喜欢。

问：关于这件衣服，下面哪句话对？ 【D】

（二）听句子，判断正误（对的画"√"，错的画"×"）

1. 李校长去哪儿了？他刚才还在办公室里呢。 （√）
2. 从昨天下午六点到今天早上八点，二楼教室的灯一直亮着。 （√）
3. 奶奶总是觉得腿和脚有点儿凉，所以夏天也穿着长裤子。 （×）
4. 妈妈下午从附近超市买的水果都在桌子上放着呢。 （×）
5. 李好认为除了自己的姐姐以外，漂亮的女生都不太聪明。 （√）

三　对话理解

（一）听对话，选择正确答案

1. 男：你看，咱们办公楼下面停着那么多辆车，最近很多同事买车了？

女：不是，这星期很多公司来咱这儿参加会议，是他们的。

问：楼下的车是谁的？ 【D】

2. 女：我手机没电了。你的手机开着呢吗？借我用一下，我打个电话。

男：对不起，我手机没钱了，你找麦克借吧。

问：关于男的，下面哪句话对？ 【A】

3. 男：王芳，你刚才不是在食堂吃完午饭了吗？怎么又去？

女：同屋生病了，她让我帮她去买点儿饭。

问：王芳要去做什么？ 【B】

4. 女：你这件蓝衬衫挺好看的啊，只穿了一次就不穿了，太浪费了。

男：不是不穿，只是想买件新的，换换颜色。

问：关于男的，下面哪句话对？ 【C】

5. 男：小姐，你好，请问一下，现在大概几点了？

女：差一刻十一点，但是，先生，您不是戴着手表呢吗？

问：根据对话，下面哪句话对？ 【D】

6. 女：我的朋友明天要来天津看我，我想请她吃饭，给我介绍一家饭馆吧。

男：学校西门附近新开了一家西餐厅，菜又好吃又便宜，地方不大，但环境不错，适合聊天。

问：那家西餐厅怎么样？ 【B】

7. 男：听说你的两个孩子都去美国留学了，那你们不能常常见面了吧？

女：是啊，每年放暑假的时候回来一次，我和丈夫都非常想他们。

问：关于女的，下面哪句话不对？ 【D】

8. 女：小文，你昨天晚上又开着空调睡觉了？这样特别容易感冒。

男：没事儿，妈，我身体好，以前上大学时住在宿舍就这样，习惯了。

问：关于男的，下面哪句话对？ 【D】

（二）听对话，判断正误（对的画"√"，错的画"×"）

男：小李，黄经理从上海开会回来了吗？

女：昨天下午就回来了。刚才在楼上会议室见客人，现在应该在办公室了。

男：好的。我有份材料要给他看看，这就去找他。

女：哎，这么快就看完回来了？

男：他没在办公室，办公室的门关着，灯也关着。会议室也没人。他是不是下班了？

女：应该没有，我刚才看见他的车还在楼下停着呢。

男：车？黄经理不会开车，也没有车啊！

女：啊？他每天都开车来公司啊。等一下儿，黄经理？不是找王经理吗？

男：唉，是我没说清楚吗？我要找的是黄经理，不是王经理。

女：啊，对不起，是我没听清楚，黄经理还在上海没回来呢。

【1. √　2.×　3. √　4.×　5. √】

四　短文理解

短文一　李明和张丽

李明和张丽从初中到大学都是同学，但是不在一个班。张丽长得很好看，眼睛大大的，头发不太长，每天戴着不同颜色的花，喜欢穿和花一样颜色的长裙子，又漂亮又可爱，学习也很好，每次考试成绩都是班里的前三名。李明上高中的时候就很喜欢张丽，但是他觉得自己胖胖的，个子不高，学习也很一般，而且张丽一直是校花，除了自己，学校里还有很多人喜欢张丽，所以认为张丽不会喜欢他。李明开始每天去健身房锻炼身体。大二的时候，他已经变得又高又帅，学习也很努力。他觉得是时候告诉张丽了。李明知道张丽喜欢去学校附近的咖啡馆喝咖啡，就每天下课以后去那儿打工。他知道张丽对电影很有兴趣，就常常请她看电影，每次见面他们都能聊很长时间。现在李明和张丽在一起已经两年了，他们每天都过得很快乐。

（一）听第一遍，选择正确答案

1. 李明和张丽是什么时候的同学？【C】
2. 关于张丽，下面哪句话不对？【B】
3. 关于高中时候的李明，下面哪句话对？【D】
4. 李明大学时在哪儿打工？【C】

（二）听第二遍，判断正误（对的画"√"，错的画"×"）

【1.×　2.×　3.×　4. √】

短文二　生活习惯

根据学校的安排，今年三月我和同学们搬到了新校区，开始在这里学习和生活。新宿舍又干净又舒服，有空调，有电视，上网很快，卫生间里也可以洗澡。我的新同屋好像不太喜欢住在这儿，他觉得新校区离市中心太远，坐车不方便，周围没有大商场和玩儿的地方。但是我很喜欢这儿的环境，又大又漂亮又安静，很适合学习。同屋每天睡得很晚，起得也很晚，上课常迟到，他还常在宿舍里开着电视看书写作业，而且声音很大，所以刚搬进来的第一个月，我每天下课以后都去图书馆学习。最近天气热了，有时候我下课回来发现宿舍里开着空调，门也开着，有时候宿舍里没人，但是灯亮着。我觉得同屋这样很浪费电，也很浪费学习时间，所以跟他聊了聊，他说以后一定注意。现在他跟我一样每天早睡早起，努力学习，改了很多不好的生活习惯。

（一）听第一遍，选择正确答案

1. 他的新宿舍怎么样？【C】
2. 关于新校区，下面哪句话不对？【D】
3. 刚搬进来的时候，新同屋常常在哪儿学习？【A】
4. 关于他的学习和生活习惯，下面哪句话对？【B】

（二）听第二遍，判断正误（对的画"√"，错的画"×"）

【1.×　2.×　3.×　4. √】

（三）听第三遍，回答问题

略

第二十七课

他手里拿着一把伞

一　语音与词语练习

(一)听后跟读生词

1. 一把伞　2. 安静　3. 老人　4. 突然　5. 一棵树
6. 拿着笔　7. 画家　8. 戴着眼镜　9. 休息　10. 努力
11. 完成工作　12. 晴天　13. 热情　14. 讲故事　15. 花草
16. 躺着　17. 说话　18. 个子高

(二)判断下列句子与听到的是否一致(一致的画"√",不一致的画"×")

1. Tā jīhū měi tiān dōu lái.(他几乎每天都来。)　(×)
2. Dàxué bìyè hòu gēge jìxù yánjiū lìxué.(大学毕业后哥哥继续研究力学。)　(×)
3. Lǎorén zhǎole yí ge ānjìng de dìfang zhàn zhe.(老人找了一个安静的地方站着。)　(×)
4. Shāngdiàn shàngxīngqī jiù kāizhāng le.(商店上星期就开张了。)　(√)
5. Zhè shì yì sōu yuǎnyángjiàn.(这是一艘远洋舰。)　(√)
6. Nǐ bù néng shìshì dōu yīkào biérén.(你不能事事都依靠别人。)　(×)
7. Mèimei jiā de bìguà fēicháng yǒu xiàndàigǎn.(妹妹家的壁挂非常有现代感。)　(×)
8. Bú yào dàizhe yǎnjìng pǎobù.(不要戴着眼镜跑步。)　(√)

(三)在横线上写出听到词语的序号

1. 一棵高大的树　2. 躺着听音乐　3. 做饭　4. 拿着一把伞
5. 花花草草　6. 听妈妈讲故事　7. 努力学习　8. 聊天儿
9. 戴着眼镜的女人

二　句子练习

(一)听句子,选择正确答案

1. 草地中间有一个“英语角”,我常去那儿找人聊天儿练习英语。
   问:他为什么常去英语角?　【B】
2. 我用了三年的伞坏了,真可惜!下午我要去超市再买一把。
   问:他下午要做什么?　【A】
3. 小明,要是睡醒了,就快点儿下床,小孩儿不可以这么懒!
   问:小明正在做什么?　【C】
4. 您请进!请问您是几个人吃饭啊?三位啊,那您坐这里好吗?
   问:这个服务员怎么样?　【A】
5. 你看,正站在那棵大树前边的人就是我们公司的王经理。
   问:哪个是王经理?　【C】
6. 雨已经下了三天了,今天终于不下了!太阳也出来了,太好了!
   问:下面哪句话是对的?　【B】
7. 昨晚已经快十二点了,我一点儿都没想到,爸爸从国内给我打来了电话。
   问:下面哪句话是对的?　【C】
8. 妹妹很爱学习,每天都去上课,下课回到家就写作业和读书。
   问:妹妹是个怎样的学生?　【B】
9. 我非常喜欢新买的房子,房前房后都有草地,草地上种着很多花草。
   问:新买的房子怎么样?　【B】
10. 爷爷最近真是的!昨天戴着眼镜找眼镜,今天拿着手机找手机。
    问:爷爷最近怎么了?　【D】

(二)听句子,判断正误(对的画“√”,错的画“×”)

1. 小花园就在我家附近,花园里面有花草,前面还有一条小河。　(√)
2. 你看错了,那不是我女朋友,我女朋友戴着眼镜呢。　(×)
3. 昨晚我躺床上后先给儿子讲故事,然后又看书,快十二点才睡。　(×)
4. 我再也不想去楼下那家饭馆儿了,那个高大的服务员对人太不好了!　(√)
5. 今天天气很冷,但我想去公园走走,没想到到那儿一看有很多人在散步。　(×)

三　对话理解

(一)听对话，选择正确答案

1. 男：你好，我已经打过电话了，现在来和张经理见面。
   女：知道了，前面那个穿着黑上衣、拿着手机的人就是他。
   问：关于张经理，哪个是对的？【B】
2. 女：王月，真没想到，上星期来我们学校的那位画家是你哥哥啊！
   男：现在常有人买他的作品，去年哥哥还在国外办了展览。
   问：男的是什么意思？【A】
3. 男：我工作又忙又累时就想去唱唱歌、跳跳舞。
   女：你这样怎么能休息好呢？唱歌跳舞的地方人太多了。
   问：女的是什么意思？【B】
4. 女：林林，都早上九点了你怎么还躺床上啊？看你哥哥早出去跑步了。
   男：哥哥六点就起床了，我可起不来。
   问：女的觉得林林怎么样？【D】
5. 男：山上的风景太美了！谁拿着照相机呢？快给我们照几张。
   女：我拿着呢，来来大家都站好，都笑一下儿，一、二、三！
   问：下面哪句话是对的？【A】
6. 男：我们班学生下了课也不休息，还都在教室里学习。
   女：你要来我们班会看到有人喝着茶，有人聊着天儿，还有人听着音乐。
   问：女的班里下课后怎么样？【C】
7. 女：太阳出来了！我们去楼前的草地上坐会儿吧。
   男：我看着足球比赛呢，还有十分钟就完，你先去，我马上去。
   问：下面哪句话不对？【D】
8. 男：妈妈，快过来帮我看看这道题怎么做？
   女：小刚，你没看见妈妈做着饭呢，我来帮你看看。
   问：小刚在做什么？【C】
9. 女：我奶奶七十多岁了，还每天自己打扫房间。
   男：我奶奶更棒！快八十岁了还能搬着桌子、椅子走路呢。
   问：下面哪句话是对的？【B】

10. 男：兰兰，你常去学校的"英语角"，每次都能找到一起练习英语的人吗？

女：你也去一次就知道了！你没觉得我的英语水平提高了吗？

问：女的是什么意思？ 【D】

（二）听对话，判断正误（对的画"√"，错的画"×"）

女：小同，你常去楼下中国银行旁边的街心小花园吗？

男：我有时候去，那个花园虽然不大，但有大树也有花草，环境不错。

女：我吃完晚饭常常去那儿散散步。但这几天我总看到一个老人，他很有意思。

男：你说说看，老人怎么有意思了？

女：他进了花园后不和人说话，自己找个没人的地方站着，站很长时间。

男：他可能是在等人吧。

女：可他站着站着就突然拿出笔，在本子上写写画画，口中好像还说着话。

男：他是个画家？或者是个老师？

女：对，听你这么说，我觉得他可能是个画家吧。

【1.× 2.× 3.× 4. √ 5.× 6. √】

四 短文理解

短文一 去农村生活

最近，我六十多岁的爸爸妈妈告诉我，他们不想在大城市生活了，要搬到农村去住。听到他们这么说，我觉得很突然。虽然一开始我不太同意，但现在我的想法变了，我觉得爸爸妈妈的想法是对的。在城市生活虽然好，有很多商场、超市、银行、车站和学校，做什么都比较方便，但城市里人很多，空气也不好。去农村生活也是很不错的，住的房子很大，房前房后还可以种上树和很多花草，农村有山有水，空气好，风景很漂亮。虽然可能生活不太方便，但对老人来说，农村的生活更适合他们。我老了也要去农村生活。

（一）听第一遍，判断正误（对的画"√"，错的画"×"）

【1.× 2. √ 3. √ 4. √ 5.×】

（二）听第二遍，选择正确答案

1. 听到爸爸妈妈要去农村生活，他觉得怎么样？ 【C】

2. 下面哪个是文中提到的城市生活不好的地方？ 【B】

3. 农村的生活更适合谁？【D】

4. 关于在农村生活的好处，文章没有说到什么？【B】

5. 他现在在哪儿生活？【D】

（三）听第三遍，回答问题

略

短文二　晚上运动

我一直是个很喜欢运动的人，平时每天都去操场或者公园跑步，星期天还去游泳馆游泳。但最近工作太忙了，白天没时间锻炼。我朋友陈南告诉我晚上运动也不错，还说晚上运动的人更多，对身体也很好。一开始我不太相信，晚饭后大家不是应该好好休息吗？还有人去锻炼身体吗？昨天晚饭后我去了学校的大操场。没想到晚上运动的人还真不少。有的学生慢跑，他们跑着步，还戴着耳机听音乐；有的学生快步走，走着走着就跑起来；还有的学生听着音乐跳舞。我也跟着大家慢跑起来。这时陈南打来了电话，问我晚饭后做什么了。我大声告诉他，我现在就在操场慢跑着呢，感觉非常好！你也快来吧。

（一）听第一遍，判断正误（对的画"√"，错的画"×"）

【1.×　2.×　3. √　4.×　5. √】

（二）听第二遍，选择正确答案

1. 最近，为什么他白天没时间锻炼了？【C】

2. 听到陈南说晚上运动也不错，一开始他觉得怎么样？【B】

3. 他晚上在操场看到很多人在做什么？【A】

4. 晚上在操场运动，他的感觉是什么？【D】

第二十八课

我去超市买了很多东西

一　语音与词语练习

(一)听后跟读生词

1. 冰箱　2. 厨房　3. 饿极了　4. 面包　5. 电梯
6. 生日蛋糕　7. 丈夫　8. 啤酒　9. 离开　10. 做事情
11. 筷子　12. 留学　13. 简单　14. 变化　15. 高兴极了
16. 教汉语　17. 饮料　18. 后来

(二)判断下列句子与听到的是否一致(一致的画"√",不一致的画"×")

1. Duìdài zhèyàng de háizi, nǐ yào duō fùchū nàixīn.(对待这样的孩子,你要多付出耐心。)　(×)

2. Zhège diànyǐng shì zài Xīnxiāng pāishè de.(这个电影是在新乡拍摄的。)　(×)

3. Huàjiā nàr yǒu wǔ běn Yīngwén zázhì.(画家那儿有五本英文杂志。)　(×)

4. Zhàngfu wàngle qīzi de shēngrì.(丈夫忘了妻子的生日。)　(√)

5. Wǒ hòulái xíguànle zhèlǐ de yíqiè.(我后来习惯了这里的一切。)　(√)

6. Zuānjìn wēnnuǎn de bèiwō, wǒ hěn kuài jìnrùle mèngxiāng.(钻进温暖的被窝,我很快进入了梦乡。)　(×)

7. Búyào bǎ zhèxiē zhǐxiāng fàng zài zhèlǐ.(不要把这些纸箱放在这里。)　(×)

8. Chūn jiāng shuǐ nuǎn yā xiān zhī.(春江水暖鸭先知。)　(√)

(三)在横线上写出听到词语的序号

1. 肚子疼　2. 教汉语　3. 喝啤酒　4. 用筷子
5. 一碗米饭　6. 坐电梯　7. 很高兴　8. 吃西瓜
9. 累极了

二　句子练习

（一）听句子，选择正确答案

1. 唉，怎么又坏了！家在十楼呢，没办法，我只好爬上去。

   问：什么东西又坏了？ 【B】

2. 丽丽的丈夫有钱，芳芳的丈夫很帅，可我丈夫能让我天天吃到好吃的！

   问：她的丈夫怎么样？ 【A】

3. 我回北京时经过了青岛，那是个很漂亮的海边城市，我在那里玩儿了三天。

   问：他回北京以前去了哪里？ 【C】

4. 谁说过生日才能吃生日蛋糕？我今天想吃，就今天吃。

   问：下面哪句话是对的？ 【D】

5. 小星，别喝了，你已经喝了四瓶了，肚子疼怎么办！

   问：下面哪句话是对的？ 【C】

6. 到今天，我和丈夫结婚正好三年了。今晚我们要出去好好庆祝一下儿。

   问：今天是什么日子？ 【B】

7. 一开始我看到筷子又小又轻，学会用它一定很容易。现在我知道我想得太简单了。

   问：这句话的意思是什么？ 【C】

8. 我常和英国女孩儿珍妮一起学习，她教我英语，我教她汉语。

   问：为什么常和珍妮一起学习？ 【A】

9. 新学期开始后，我发现约翰不迟到了，马克爱运动了，李兰交了不少新朋友。

   问：这句话的意思是什么？ 【B】

10. 冰箱里鸡蛋、牛奶和面包都没有了，我现在就去超市买一些。

    问：冰箱里什么没有了？ 【D】

（二）听句子，判断正误（对的画"√"，错的画"×"）

1. 王青告诉我中国人都用筷子吃饭，可我学了一个月了还是不行。 （√）
2. 张林工作好、人又帅，还喜欢下厨房，和这样的男人结婚多好啊！ （×）
3. 要和教了我一年汉语的老师们说再见了，我心里真不舒服。 （√）
4. 昨天去健身房运动了一下午，现在感觉腿、脚、头，哪儿都疼。 （√）
5. 天冷的时候老年人不应该喝凉饮料，像凉啤酒、凉水，等等。 （×）

三　对话理解

（一）听对话，选择正确答案

1. 男：唉呀妈妈，厨房地上怎么这么多水啊？

   女：一定是冰箱又出问题了，你快帮妈妈把里面的东西都拿出来。

   问：他们家怎么了？　【B】

2. 女：张林，快下楼来接我，我拿着很多东西，脚也疼死了。

   男：好好，你先放下东西，我这就下楼接你。

   问：女的为什么让男的接她？　【C】

3. 男：玛丽，你现在会用筷子吃米饭，你会用筷子吃面条儿才叫真有水平。

   女：是这样啊，看来我还要再练习练习。

   问：女的是什么意思？　【B】

4. 女：张经理，下星期三您从香港回北京时经过广州，要在那里住两天吗？

   男：好的，正好去见一下儿我的老朋友。

   问：张经理回北京前要去哪里？　【D】

5. 男：小美，看来你不常做饭吧，你家厨房这么干净，东西也很少。

   女：厨房干净、东西少就是不做饭吗？你想得太简单了。

   问：女的意思是什么？　【A】

6. 男：安娜，你学了六个月汉语了，可以和中国人用汉语聊天儿吗？

   女：你还不知道啊？我最近交了个中国男朋友，他不会说英语。

   问：下面哪句话是对的？　【B】

7. 女：我来拿这个红色的大包，别看它这么大，其实很轻。

   男：好的没问题，我拿其他三个蓝色的包。

   问：他们一共有几个包？　【D】

8. 男：下星期就要回国了！我已经离开家乡十年了！

   女：现在你一定很高兴吧，这十年你一个人在国外上学真不容易啊。

   问：下面哪句话是对的？　【C】

9. 女：你刚离开医院，身体还不太好，别喝这么多啤酒。

   男：白酒、红酒不让喝，现在啤酒也不让喝，这日子可怎么过！

   问：男的是什么意思？　【B】

10. 男：李芳，这半年来你每天教我学汉语，很感谢，这是我给你的小礼物。

女：你太客气了，你也教了我很多英语啊！

问：下面哪句话不对？ 【D】

（二）听对话，判断正误（对的画"√"，错的画"×"）

女：马克，你现在汉语说得不错了，你应该再多学习学习中国人的生活习惯。

男：我也这么想，我想多了解中国人的生活。我该学习什么生活习惯呢？

女：你没发现中国人吃饭时都用筷子，很少用勺子吗？

男：你是说我应该学习怎么用筷子吃饭？

女：对，你不是要多了解中国人的生活吗，用筷子吃饭也是我们的饮食文化啊。

男：筷子那么小那么轻，学会用它应该很容易。

女：你别想得太简单，不少外国人学不会呢。

男：那是他们不是我，我多聪明啊！肯定一学就会。

女：哈哈，你太自信了！常用筷子能让人动作灵巧，头脑更聪明。

【1.×　2.×　3.×　4. √　5.×　6. √】

四　短文理解

短文一　幸福的生活

昨天是我和丈夫结婚八年的纪念日，正好是个星期天。天很晴，非常暖和。下午我们带着儿子去了公园，晚上我和丈夫在厨房做了很多菜，庆祝我们的结婚纪念日，这一天我们一家都非常高兴。现在你要问我什么才是幸福的生活，我的回答和以前不一样了。以前我觉得找个有钱的、长得帅的丈夫才会幸福，但现在我知道幸福跟钱多钱少和丈夫帅不帅没有关系。我丈夫工作努力，非常爱我和儿子，还很喜欢做饭，一有时间就在厨房给我们做好吃的东西。周末他常和我们出去玩儿，我和儿子生日时，也总是给我们买喜欢的礼物。丈夫虽然没有很多钱，长得也不帅，但他爱我们也爱这个家，这样的生活就是我想要的幸福生活。

（一）听第一遍，判断正误（对的画"√"，错的画"×"）

【1.×　2.×　3.×　4.×　5. √　6. √】

（二）听第二遍，选择正确答案

1. 今天的天气怎么样？ 【B】

2. 下面哪句话是对的？【A】

3. 关于她的丈夫，文中没有说到什么？【C】

4. 丈夫什么时候给她和儿子买礼物？【D】

（三）听第三遍，回答问题

略

短文二　我要学习游泳

林芳是个漂亮女孩儿，是我交上的第一个中国朋友。从去年9月到现在，我们俩常在一起学习和聊天儿。其实我们的爱好不一样，林芳爱运动，跑步、打球和游泳她都喜欢，可我喜欢安静的生活，不会打球也不会游泳。林芳常对我说她的家乡是个海边小城，他们那儿很多人都会游泳。上星期天我和林芳一起去了游泳馆，我第一次看到那么干净和漂亮的游泳馆，也看到了很多人在游泳，我真想也跳下去游啊。回宿舍的路上我告诉林芳，你一定要教我学会游泳，我学会了也要和你一样，周末常来游泳馆游泳。林芳说没问题，常运动让人身体好，还能让人心情好。

（一）听第一遍，判断正误（对的画"√"，错的画"×"）

【1. √　2.×　3. √　4.×　5. √】

（二）听第二遍，选择正确答案

1. 她和林芳什么不一样？【C】

2. 她第一次去了学校游泳馆，觉得那儿怎么样？【B】

3. 她为什么想学游泳？【A】

4. 林芳告诉她游泳有什么好处？【D】

第二十九课

奇怪的习惯

一　语音与词语练习

（一）听后跟读生词

1. 准备	2. 晚饭	3. 以后	4. 表演	5. 体育
6. 节目	7. 最好	8. 当然	9. 明白	10. 别人
11. 害怕	12. 相信	13. 以为	14. 敢	15. 睁眼睛
16. 嘴	17. 像	18. 短	19. 等	20. 站

（二）判断下列句子与听到的是否一致（一致的画"√"，不一致的画"×"）

1. Māma měitiān qídǎo, yǐjīng shì duōnián de xíguàn le.（妈妈每天祈祷，已经是多年的习惯了。）（×）

2. Tā yìzhí dōu duì wèilái fēicháng yǒu xìnxīn.（他一直都对未来非常有信心。）（√）

3. Gēge xià dìng juéxīn yào zhuānmén gōngkè zhège nántí.（哥哥下定决心要专门攻克这个难题。）（√）

4. Táiwān zhège dìqū de yèxiào hěn yǒumíng.（台湾这个地区的夜校很有名。）（×）

5. Wǒ hěn xiàngwǎng nàyàng de qíngjǐng.（我很向往那样的情景。）（×）

6. Lǐngdǎo rènwéi néng dádào yùqī de xiàoguǒ.（领导认为能达到预期的效果。）（√）

7. Wǒmen měi ge rén dōu yīnggāi tíshēng zìjǐ de pǐnwèi.（我们每个人都应该提升自己的品位。）（√）

8. Nǐmen shì wúcóng liǎojiě zhèxiē shìshí de zhēnxiàng de.（你们是无从了解这些事实的真相的。）（√）

（三）在横线上写出听到词语的序号

1. 一条鱼	2. 站着吃饭	3. 想问题	4. 吃晚饭	5. 看表演
6. 穿着短裤	7. 体育节目	8. 睁着眼睛	9. 走着路看书	

二 句子练习

（一）听句子，选择正确答案

1. 同学们都别站着了，已经开始上课了，请快点儿坐下！

问：这是哪儿？ 【B】

2. 明明，一边看电视一边吃饭对身体不好，别看了！

问：明明在干什么？ 【C】

3. 除了马克，今天晚上我们班的同学都去看表演。

问：下面哪句话是对的？ 【B】

4. 阿里，咱们别写了，去看电影吧！今天不是周末吗？

问：下面哪句话是对的？ 【A】

5. 真不敢相信，已经秋天了还是三十五度的天气！

问：下面哪句话是对的？ 【C】

6. 今天我没学习，吃了晚饭就打开电视看体育节目了。

问：这是什么时候？ 【C】

7. 因为妈妈害怕坐飞机，所以我们打算坐火车去。

问：下面哪句话是对的？ 【C】

8. 那个戴着眼镜、穿着蓝衬衫、正在门口站着说话的就是我哥哥。

问：谁是我哥哥？ 【B】

9. 房间里挂着漂亮的画儿，放着一张大桌子，摆着很多花儿。

问：这句话介绍的是什么？ 【D】

10. 林林你才回来啊，晚饭在桌子上放着呢，你快吃吧。

问：下面哪句话是对的？ 【D】

（二）听句子，判断正误（对的画"√"，错的画"×"）

1. 我知道躺着看书对眼睛不好，可是我已经习惯了。 （√）
2. 我会开车，可是今天喝酒了不能开车，你来开吧。 （×）
3. 我们在草地上说着笑着，大家都开心极了。 （√）
4. 那个在楼前拿着伞的女生很像小飞的姐姐。 （×）
5. 奶奶觉得有点儿冷，所以她关了空调，又穿了一条长裤子。 （×）

三　对话理解

（一）听对话，选择正确答案

1. 男：你看，那个一边走路一边看手机的人是小美吧？
   女：不是，那是小美的姐姐，小美很像她姐姐。
   问：下面哪个句子对？　【D】
2. 女：已经八点多了，王林你要再晚回来一会儿饭馆儿就关门了。
   男：对不起，我今天七点多才下班，路上又堵车，忘了告诉你一下儿了。
   问：男的怎么了？　【B】
3. 男：田红，你下星期的课多不多？
   女：我每周一共上三门课，每天都是六节课，不太多。
   问：下面哪个句子对？　【D】
4. 女：文特，你这个人怎么只吃菜，不吃饭啊？
   男：哈哈，我的吃饭习惯是先吃菜，然后再吃饭。
   问：文特的习惯是什么？　【C】
5. 男：丽亚，都八点半了，你怎么还在床上躺着，今天不着急去上班？
   女：你天天上班已经习惯了是吗？今天不是星期六吗？
   问：女的是什么意思？　【A】
6. 男：山下，你大学毕业后打算做什么？
   女：爸爸想让我去英国留学，妈妈想让我回国当医生，我想在中国开一家自己的咖啡馆。
   问：山下毕业后想做什么？　【D】
7. 女：月月，洗手间的灯怎么亮着？太浪费电了。
   男：妈妈，我在洗手间呢，明天考试，我习惯在洗手间复习生词。
   问：下面哪句话是对的？　【C】
8. 男：这么爱吃面条儿啊，王小姐您一定是北方人吧？
   女：对呀，我是北京人，虽然来上海十几年了，但是还是习惯吃面条儿。
   问：下面哪句话对？　【B】
9. 女：校长，明天让小王给合唱团当翻译吧。
   男：小王明天上午下了课要去医院看病，让小李去吧。
   问：男的是什么意思？　【A】

10. 男：我看你们女人总是这样，一边说要减肥，一边要吃好吃的。

女：如果我不吃好吃的，我就不高兴。如果我不高兴，你就不高兴。我不想让你不高兴，所以我必须吃。

问：两个说话人可能是什么关系？ 【D】

（二）听对话，判断正误（对的画"√"，错的画"×"）

女：吉姆，你在床上躺着想什么呢？还不睡觉？

男：哎呀，你这人！谁说我没睡觉？我已经睡着了啊！

女：我进来的时候，你不是睁着眼睛吗？

男：那是你不知道我的习惯，我总是睁着眼睛睡觉，别人都觉得很奇怪。

女：真不敢相信，听了你的话，我都害怕了。但是我也有个奇怪的习惯，我害怕关灯睡觉。

男：那你睡觉时也开着灯吗？

女：当然不是，上大学住在宿舍里不能总是开着灯睡觉。

男：哈哈，每个人都有奇怪的习惯。

【1. √　2.×　3. √　4. √　5. √　6.×】

四　短文理解

短文一　我们的第一次见面

上个月朋友给我介绍了一个女孩子，她在学校工作。听说她人很好，也很漂亮。我们在电话里和网上聊了几次，我们的爱好都一样。我约她今天下了班一起吃饭见个面。因为我们不认识，所以说好她穿白色的裙子，拿本书，我穿蓝色衬衫，拿枝玫瑰花。到了饭店，我就看见一个穿着白裙子的女孩儿正坐在那儿看着一本书，她头发长长的，眼睛大大的，真的很漂亮。她也发现了我在看着她，而且我穿着蓝衬衫，手里拿着玫瑰花，她一定已经知道是我了。她有点儿不好意思。我笑着说："你好，我就是李明。认识你很高兴。"她笑着说："我也是。"我们一边吃饭一边聊天儿，非常高兴。吃了饭我们又去咖啡馆喝咖啡，我觉得我已经有点儿喜欢她了。说再见的时候，我问她："我们以后还能再见面吗？"

（一）听第一遍，判断正误（对的画"√"，错的画"×"）

【1.×　2.×　3.×　4. √　5. √　6.×】

（二）听第二遍，在横线上填出听到的汉字

1. 上个月朋友给我___介绍___了一个女孩子。

2. 我们在___电话___里和网上聊了几次，我们的___爱好___都一样。

3. 她___头发___长长的，___眼睛___大大的，真的很漂亮。

4. 你好！我就是李明，___认识___你很高兴。

5. 我们一边___吃饭___一边___聊天儿___，非常高兴。

6. 吃了饭我们又去咖啡馆___喝___咖啡。

（三）听第三遍，回答问题

略

短文二　好习惯很重要

我常常告诉孩子们：好习惯很重要，现在的好习惯能决定以后你们能长成什么样的人。我爱给他们讲这个故事：几年前，别人问一位得了诺贝尔奖的科学家："请问您在哪个学校学了您认为最重要的东西？"这位科学家说："在幼儿园。""幼儿园？您在幼儿园学了什么？"科学家说："把自己的东西给小朋友们一半；不是自己的东西不要拿；自己的东西自己放好；吃饭前要洗手；做错事要说对不起；午饭后要休息；学习要努力。"这些真的都是在幼儿园就学了的，如果你在幼儿园就学会了这些，从小就有了这些好习惯，会对你以后的生活有很大帮助。好习惯真的是太重要了！

（一）听第一遍，判断正误（对的画"√"，错的画"×"）

【1.×　2.×　3.×　4.√　5.√】

（二）听第二遍，选择正确答案

1. 他为什么常给孩子们讲科学家的故事？【D】

2. 下面哪个不是在幼儿园学的好习惯？【C】

3. 科学家为什么说最重要的东西是在幼儿园学的？【A】

4. 下面哪个句子对？【D】

第三十课

玛丽喜欢穿高跟儿鞋

一　语音与词语练习

（一）听后跟读生词

1. 高跟儿鞋	2. 比	3. 感兴趣	4. 为了	5. 看起来
6. 个子	7. 矮	8. 真的	9. 回答	10. 难受
11. 忘记	12. 主要	13. 班	14. 春天	15. 冬天
16. 自信	17. 温度低	18. 刮风	19. 阳光	20. 干

（二）判断下列句子与听到的是否一致（一致的画"√"，不一致的画"×"）

1. Rènhé yí ge gōnggòng chǎngsuǒ dōu jìnzhǐ xīyān.（任何一个公共场所都禁止吸烟。）（√）

2. Yǐjīng zhǔnbèile dà bàn nián, tā tūrán shuō bù jiéhūn le.（已经准备了大半年，她突然说不结婚了。）（×）

3. Zījīn zhōuzhuǎn bú chàng de wèntí yào jǐnkuài jiějué.（资金周转不畅的问题要尽快解决。）（√）

4. Bālí shì shìjiè zhùmíng de gòuwù tiāntáng.（巴黎是世界著名的购物天堂。）（√）

5. Jiàoshījié wǒ yào gěi lǎoshī xiānhuā.（教师节我要给老师鲜花。）（×）

6. Lǚxíng de shíhou, yídìng yào gàosu wǒ.（旅行的时候，一定要告诉我。）（×）

7. Chéngshì yuèláiyuè dà, qìchē yě yuèláiyuè duō.（城市越来越大，汽车越来越多。）（√）

8. Zhè shì tā liúxué huí guó hòu dì yī cì jǔbàn yīnyuèhuì.（这是他留学回国后第一次举办音乐会。）（√）

（三）在横线上写出听到词语的序号

1. 穿着高跟儿鞋	2. 个子矮	3. 难受	4. 春天	5. 冬天
6. 刮风	7. 温度低	8. 阳光好	9. 我们班	

二　句子练习

(一)听句子,选择正确答案

1. 我们已经睡了八个小时了是吗? 啊! 天亮了! 我们起床吧。
   问:这是什么时候? 【A】
2. 艾伦,这个城市的机场离咱们这里很远,你们最好早点儿走啊。
   问:下面哪句话是对的? 【A】
3. 我喜欢很多运动,但是我对篮球不感兴趣,因为我个子太矮了。
   问:下面哪句话是对的? 【C】
4. 小丽,我做着晚饭呢,你帮我接一下儿电话,可能是我妈妈打来的。
   问:他正在做什么? 【D】
5. 大多数时候我不穿高跟儿鞋,只有见重要的人时我才会穿。
   问:下面哪句话是对的? 【C】
6. 最近我没时间,我们一个月后再见面,也就是说七月五号时再见面吧。
   问:下面哪句话是对的? 【C】
7. 我今年正好三十岁,妹妹安娜比我小五岁。
   问:安娜今年多大了? 【C】
8. 一班学得快,已经学了十课,二班比一班少学了一课。
   问:二班学了几课? 【A】
9. 从我们家到学校,骑自行车半小时,坐公共汽车四十分钟。
   问:下面哪句话是对的? 【C】
10. 今天气温比昨天低五度,冷极了,风比昨天还大!
   问:下面哪句话是对的? 【A】

(二)听句子,判断正误(对的画"√",错的画"×")

1. 今天要去机场,我早上七点就起床了,但是妈妈比我起得更早。 (√)
2. 我比妹妹大两岁,但是个子比她矮一点儿。 (√)
3. 我今天感冒了,很难受,不能去上课了。 (√)
4. 今天阳光很好,温度也不低,像春天一样。 (×)
5. 口语考试我得了 99 分,安娜是 95 分,汤姆是 90 分。 (×)

三　对话理解

（一）听对话，选择正确答案

1. 男：这双好看是好看，就是太贵了吧？小孩子长得快，不用买这么贵的。

   女：你说得对，那咱就买那双吧，那双比这双便宜，也很好看呢。

   问：他们可能在做什么？【A】

2. 女：你等我一会儿，我刚下车，再走五分钟就到你那儿了。

   男：没关系，你别着急，电影八点才开始呢。

   问：他们要去做什么？【B】

3. 男：妈，今天有个朋友过生日，我就不回家吃饭了。

   女：你可真行！这个星期你已经五天没在家吃饭了。

   问：女的是什么意思？【D】

4. 女：王月，我刚听说你不工作了，要去英国留学是吗？

   男：是的，我女朋友去年就去英国了，她一直在那里等我。

   问：男的要做什么？【A】

5. 男：王老师，您女儿真棒！今年才六岁就学钢琴了？

   女：她从小就对钢琴很感兴趣，四岁就开始学了。

   问：王老师女儿学了多长时间钢琴了？【C】

6. 男：小美，这次咱们去上海，我还是觉得火车好，火车票才二百多块，可是飞机票比这个贵四百多块呢。

   女：但是坐飞机快啊，比火车快好几个小时呢。

   问：去上海的飞机票多少钱？【D】

7. 女：你今天怎么和平时不一样啊？平时你早就来了。

   男：我太累了，比平时多睡了两个小时，平时六点就起床了。

   问：女的是什么意思？【B】

8. 男：今天真热啊，咱们吃西瓜吧！

   女：我一点儿也不热，是你太胖了吧，吃了西瓜你就更胖了，然后就更热了。

   问：下面哪句话是对的？【B】

9. 女：冬天我们去上海旅行吧，上海没有天津那么冷。

   男：那可不一定，天津虽然外面冷，但是房间里一点儿也不冷。上海外面不太冷，但是房间里冷，很不舒服。

问：男的是什么意思？　　【A】

10. 女：你们学校的食堂多好啊！又大又干净。

男：那有什么用？你们的食堂虽然小，但是比我们的好吃多了。

问：男的是什么意思？　　【C】

（二）听对话，判断正误（对的画"√"，错的画"×"）

女：马林，下个月我就放暑假了，我想去巴黎旅行，你觉得怎么样？

男：巴黎是不错，可是出国旅行太累了。我还是想去海南。我最近很累，巴黎那么远，坐飞机要十二个小时，去海南三个小时就到了。

女：但是去巴黎可以了解法国的文化，我对法国文化很感兴趣。而且我们还可以买很多东西，听说巴黎的衣服什么的不但比中国便宜，而且比中国的漂亮。

男：去巴黎的机票那么贵，买机票的钱你在中国就可以买很多衣服了。

女：暑假的时候，巴黎很凉快，非常舒服，海南比巴黎热多了！

男：海南虽然比法国热，但是可以吃海鲜，那儿的海鲜好吃极了。

女：哈哈，好吧，我对吃海鲜比对法国文化更感兴趣。

【1.×　2. √　3. √　4. √　5. √　6.×】

四　短文理解

短文一　左先生和右先生

很多女孩儿在结婚以前，都会遇到两种男朋友，我叫他们左先生和右先生。左先生比右先生会说，右先生比左先生会做。你生病的时候，左先生说："多喝点儿热水吧。"这时右先生却已经给你买了药送来。你找工作的时候，左先生给你发来短信说："加油！"右先生已经找了你需要的资料发到了你邮箱。你工作忙的时候，左先生说："一定不要忘了吃饭。"右先生已经在楼下等着要带你去吃好吃的。你快要考试了，左先生说："你已经很努力了，失败也没关系。"右先生却给你买了很多考试需要的书。有人说右先生比左先生好多了，因为只说不做不是爱。但是看看周围的女孩儿，有的跟右先生结婚了，而且很幸福，但有的却和左先生结婚了，也很幸福。其实右先生并不一定比左先生好，是每个人的需要不一样，所以选择也就不一样。

（一）听第一遍，判断正误（对的画"√"，错的画"×"）

【1.×　2. √　3.×　4.×　5.×　6. √】

（二）听第二遍，在横线上填出听到的汉字

1. 很多女孩儿__结婚__以前会遇到两种男朋友。

2. 左先生比右先生会__说__，右先生比左先生会__做__。

3. 你找__工作__的时候，左先生说："加油！"。

4. 有人说右先生比左先生好多了，只说不做不是__爱__。

5. __其实__右先生并不比左先生好。

6. 每个人的__需要__不一样。

（三）听第三遍，回答问题

略

短文二　带着妈妈去旅行

我来中国留学两年了，在北京学汉语。去年春天我带妈妈去上海旅行，这是妈妈第一次来中国，她很高兴。春天的上海气温比北京高，也比北京舒服，很少刮风，也没有北京那么干燥。但是听说如果冬天来，上海就没有北京舒服了，因为虽然上海的温度比北京高，但是房间里没有暖气。我妈妈说："上海太大了，也很漂亮，比我们的城市大多了，汽车也比我们那儿多。"我和妈妈在上海玩儿了三天，这是第一次我带妈妈旅行，妈妈不会说汉语，所以一路都是我照顾妈妈，我第一次觉得自己不是小孩儿了，是一个大人了，也觉得妈妈真的老了，需要我照顾了。所以我决定毕了业就回国找工作，这样可以更好地照顾爸爸妈妈。

（一）听第一遍，判断正误（对的画"√"，错的画"×"）

【1.×　2. √　3. √　4. √　5.×】

（二）听第二遍，选择正确答案

1. 他为什么去上海？【C】

2. 关于春天，下面哪句话对？【D】

3. 关于冬天，下面哪句话对？【A】

4. 毕业以后，他打算做什么？【B】

第三十一课

手机的世界

一　语音与词语练习

(一)听后跟读生词

1. 手机　2. 世界　3. 爷爷　4. 微信　5. 小心
6. 年轻　7. 糊涂　8. 下载　9. 词典　10. 发信息
11. 花钱　12. 新闻　13. 游戏　14. 提高　15. 水平
16. 影响　17. 照相　18. 联系　19. 电子邮件　20. 上网

(二)判断下列句子与听到的是否一致(一致的画"√",不一致的画"×")

1. Zhèyàng de jiǎngyǎn wǒ cónglái méiyǒu jiànguo.(这样的讲演我从来没有见过。)　(×)
2. Wǒmen yīnggāi jǐnshèn chǔlǐ zhè jiàn shì.(我们应该谨慎处理这件事。)　(×)
3. Zhè zhǒng zīwèi shì wǒ wúlùnrúhé méi xiǎngdào de.(这种滋味是我无论如何没想到的。)　(×)
4. Dēngshān duìyuánmen mǎshàng jiùyào chénggōng le.(登山队员们马上就要成功了。)(√)
5. Méiyǒu rén néng dǐdǎng zhè zhǒng yòuhuò.(没有人能抵挡这种诱惑。)　(√)
6. Búyào qǔxiào biérén de huódòng.(不要取笑别人的活动。)　(×)
7. Liǎng ge yuè de shíjiān wánchéng gōngzuò shì bù kěnéng de.(两个月的时间完成工作是不可能的。)　(√)
8. Měi féng jiājié bèi sī qīn.(每逢佳节倍思亲。)　(√)

(三)在横线上写出听到词语的序号

1. 看新闻　2. 年轻人　3. 发微信　4. 老爷爷　5. 写电子邮件
6. 不小心　7. 照相　8. 世界地图　9. 打游戏

二　句子练习

（一）听句子，选择正确答案

1. 圣诞节一般是你们二三十岁的人过的，我们都这么老了，谁还过它啊！

问：说话人的意思是？【C】

2. 我这几天是怎么了？前天到了家门口忘记带钥匙进不去门，昨天去超市却忘了带钱包，今天上课走错了教室。

问：下面哪句话是对的？【A】

3. 小江，你看看别人用手机都是看新闻、读书、听音乐、买东西或者跟家人交流，可看看你每天用手机干什么？

问：小江每天用手机可能做什么？【C】

4. 你要是给爷爷买手机，一定别买有很多功能的，没有用。只要能打电话和接电话就可以了。

问：应该给爷爷买什么样的手机？【B】

5. 艾伦，快过来看看！这是中国，这是日本，这里是非洲，上面是欧洲，你的国家在哪儿？

问：他们可能在做什么？【C】

6. 我告诉你一个大新闻，咱们公司刚结婚半年的小赵最近离婚了！

问：下面哪句话对？【B】

7. 你这是慢性病，对正常的工作和生活都不会有影响。你不用太担心，每天记得按时吃药就行了。

问：说话的是什么人？【C】

8. 衣服大一点儿不要紧，鞋大了就不行了，我建议你还是别买了。

问：下面哪种情况对？【A】

9. 手机的功能越来越多，人们可以用手机做很多事，生活越来越方便，这跟过去大不一样了！

问：这句话的意思是？【B】

10. 心情越不好越应该多和朋友说说聊聊，你怎么总是自己生气呢！

问：说话人的意思是？【D】

（二）听句子，判断正误（对的画"√"，错的画"×"）

1. 麦克，刚一冷你都感冒三次了，我们这里的天气对你影响很大吗？（√）

2. 你怎么还在用这个软件啊，它太老太旧了，用起来很不方便了。（√）

3. 我下星期要去南方出差，你朋友要是来了，就让他住我那儿吧。（×）

4. 这家饭馆儿咱们今后可别来了！人这么多，菜上得还这么慢！（√）

5. 你开窗户时要小心旁边这个花盆儿，一定不要碰倒了它。（×）

三　对话理解

（一）听对话，选择正确答案

1. 男：芳芳，你经常和以前的大学同学见面吗？

　女：随着毕业的时间越来越长，大家也都越来越忙。工作日不用说，周末也都有自己的事儿，已经很长时间没见过面了。

　问：女的是什么意思？【B】

2. 女：我家很有意思，我爷爷会用手机发微信和看电影，但我爸爸却只能用手机打电话，他不会用微信。

　男：哈哈！你爷爷很时髦，爸爸却很传统。

　问：下面哪种情况对？【C】

3. 男：李青，现在社会上有种人被人们叫作"垃圾人"，你知道吗？

　女：知道，昨天我就遇到了，明明是他的车撞了我，却说我开得太慢。

　问：女的是什么意思？【B】

4. 女：这些年，一些大城市中离婚的人越来越多，我认识的人就有好几个。

　男：是啊！你可别受影响啊！

　问：下面哪种情况对？【D】

5. 男：安妮，我发现好几个能帮助我们学汉语的小软件，都很好用，你需要吗？我介绍给你？

　女：太好了！我非常需要，最近觉得自己的汉语水平一点儿也没有进步，正很着急呢。

　问：女的是什么意思？【A】

6. 男：小美，今天晚上公司加班，我回来很晚，你和孩子别等我吃晚饭了。

　女：你怎么成天加班啊？这个星期你已经有四天不在家吃晚饭了。

　问：下面哪句话是对的？【B】

7. 女：春节假期马上到了，哈尔滨这么冷，咱们这个春节去海南过吧？

　男：那还不如直接去东南亚几个国家呢，花费差不多，还能看到很多好风景。

　问：他们在谈什么呢？【D】

8. 男：田红，你是个美国女孩儿，可你为什么这么喜欢中国的京剧，还唱得这么好？

女：我是受我中文老师的影响，他可是个京剧迷，是他教会我热爱中国的传统文化。

问：下面哪句话是对的？【C】

9. 女：爸爸，王林说这周末想来家里看看您和我妈，我先问问您的意见，你说怎么样？

男：好啊！我和你妈也想见见他。其实只要你们俩互相喜欢，我和你妈就没什么意见。

问：王林是谁？【B】

10. 男：你见过新搬来的那家人了吗？我听说男的是个教授，女的是个公司经理。

女：我昨晚进楼时正好碰到了那女的，她很爱说话，还说欢迎我们去她家做客呢。

问：他们正在谈论什么？【D】

（二）听对话，判断正误（对的画“√”，错的画“×”）

女：约翰，你知道最近出现的“共享单车”这件新鲜事吗？

男：我听到很多人都在谈论共享单车，但其实我不太了解，也从来没有用过。

女：哈哈，这次你可落伍了。最近大家不只是谈论它，已经有不少人开始使用共享单车了，我们都觉得十分方便。

男：那你能告诉我，怎么样才能使用它吗？对了，共享单车是不是大街上那些很多的小黄车、小绿车？

女：对。其实挺简单的，你先在手机里下载用车软件，想用车的时候用手机一扫车上的二维码，车锁就会打开，你就可以骑上它了。

男：这样啊，那真的是很方便，那么我用完需要停在哪里呢？

女：只要停在路边锁好车就可以，别人可以继续使用，所以叫“共享单车”。

男：就是说永远都不会再担心车子丢失的问题？那可太好了。

女：不但方便还很便宜，要是你能在免费的时候使用，可以一分钱都不用花。

【1. √　2.×　3.×　4. √　5.×　6. √】

四　短文理解

短文一　怎样对待垃圾人

昨天坐朋友的车回家，开到一个路口，突然一辆车速很快的车开出来，没打转向灯就急着往左拐，差点儿撞到朋友的车。朋友笑着挥挥手，让那辆车过去了。“你怎么还对他这么礼貌，他差点儿撞到你的车啊！”我对朋友说。朋友耐心地告诉我：“我们每天都要扔垃圾，垃圾又脏又臭，谁都讨厌。这种人就像垃圾一样，我们可以叫他们垃圾人，他们总是带着不好的心情和情绪到处跑，也把自己身上不好的情绪传达给别人。遇到这种人，你不要生气，像这样挥挥手让他先过去，微笑着面对他。这样做也许可以让他们想一想自己的做法。反过来，如果你一定要和他争执，像刚才在路口我也像他一样就是不让别人先过，很可能双方都会被撞，这样大家都会生气，也会浪费时间。”我觉得朋友的话非常对。

（一）听第一遍，判断正误（对的画“√”，错的画“×”）

【1.×　2.×　3. √　4.×　5.×　6. √】

（二）听第二遍，选择正确答案

1. 他们在路口遇到的那个司机怎么样？　【B】

2. 朋友让那辆车先过，一开始他觉得怎么样？　【D】

3. 下面哪句话是对的？　【A】

4. 文中没有说到什么？　【C】

短文二　茶叶专家

人们在饮食方面的不同习惯非常有意思。一般来说，年轻人喜欢喝咖啡、牛奶、啤酒以及各种饮料什么的，而很多老年人会喜欢喝茶。我虽然也才二十六岁，但我的饮食习惯和同龄人不一样，我很喜欢喝茶，不但喜欢喝，而且喜欢研究。年轻人一般都很喜欢去逛街，这一点我也和大家不一样，我最喜欢逛的不是衣服店和书店，而是茶叶店。周末时我常走进一家家茶叶店，看着和闻着各种各样的茶叶，心情会特别愉快。因为常常喝茶，我也很喜欢了解各种茶叶知识，对中国各种茶叶的产地和发展历史都很清楚，我常在与朋友一起品茶的时候讲给他们听，朋友们都说我已经是个“茶叶专家”了。

（一）听第一遍，判断正误（对的画“√”，错的画“×”）

【1. √　2. √　3.×　4. √　5. √】

（二）听第二遍，选择正确答案

1. 他的年龄是多少？　【C】

2. 他逛茶叶店时觉得怎么样？　【B】

3. 他很喜欢了解什么？　【A】

4. 下面哪句话不对？　【D】

第三十二课

哥哥就要结婚了

一　语音与词语练习

(一)听后跟读生词

1. 旅行	2. 关心	3. 着急	4. 同意	5. 挺忙的
6. 满意	7. 愿意	8. 结婚	9. 以前	10. 孙子
11. 流行	12. 附近	13. 红包	14. 建议	15. 应该
16. 从来	17. 生气	18. 平板电脑		

(二)判断下列句子与听到的是否一致(一致的画"√",不一致的画"×")

1. Wǒ zhuīqiú làngmàn wēnxīn de jiātíng qìfēn.(我追求浪漫温馨的家庭气氛。)　(×)

2. Kùnnan miànqián yào yǒu yǒngyú miànduì de yǒngqì.(困难面前要有勇于面对的勇气。)　(√)

3. Zuìjìn wǒ dúle bù shǎo àiqíng de shīzuò.(最近我读了不少爱情的诗作。)　(×)

4. Jùnmǎ chíchěng zài cǎoyuán shàng.(骏马驰骋在草原上。)　(×)

5. Jiāo bīng bì bài de dàolǐ nǐ yīnggāi zhīdao.(骄兵必败的道理你应该知道。)　(√)

6. Zhèxiē xìnjiàn de nèiróng wǒ bù qīngchu.(这些信件的内容我不清楚。)　(×)

7. Nǐmen bìxū duì chǎnpǐn de suǒyǒu gōngnéng yǒu chōngfèn de liǎojiě.(你们必须对产品的所有功能有充分的了解。)　(√)

8. Líhuā yì zhī chūn dài yǔ.(梨花一枝春带雨。)　(√)

(三)在横线上写出听到词语的序号

1. 平板电脑	2. 结婚	3. 大城市	4. 很着急	5. 去旅行
6. 关心老人	7. 挺生气	8. 发红包	9. 送礼物	

二　句子练习

（一）听句子，选择正确答案

1. 小山，都七点四十了，你怎么还躺在床上不起啊，还有二十分钟我们就要出发了，快起床！快点儿快点儿！

问：说话人的心情是什么？【B】

2. 虽然才是十月份，可这几天一下子冷了起来，我马上给妈妈打了电话，告诉她多多注意，多穿衣服，早上不要太早出去锻炼身体。

问：下面哪句话是对的？【A】

3. 太好了！马上就到年底了，期末考试后就要放寒假了，我的心已经飞回到家乡去了！

问：现在是什么时候？【C】

4. 他这人性格不好，爱生气，而且生气的时候听不进去别人的话。

问：这个人生气的时候怎么样？【B】

5. 电视台请留学生表演节目，老师觉得丽亚合适，因为丽亚跳舞跳得很好。可这几天丽亚生病了，她说让她同胞安妮去。

问：下面哪种情况是对的？【C】

6. 有时候太听别人的意见也不好，因为大家的意见都不一样，会非常影响你的决定。

问：说话人的意思是什么？【D】

7. 哥哥爱上了一位比他年纪大的大夫，可爸爸妈妈觉得哥哥应该找比他年纪小的姑娘才好。

问：对于哥哥的女朋友，父母的意见是什么？【A】

8. 已经和朋友说好明天去看电影，可是明天家里要来客人，明天的电影看不了了。

问：明天他要做什么？【B】

9. 张力啊！我要说多少遍你才能明白！你已经不能再继续喝酒了，你为什么就是不听我的话呢？

问：说话人的态度是什么？【B】

10. 马上就要考试了，大家都在复习和准备，你怎么还天天去玩儿啊！

问：说话人是什么意思？【D】

（二）选择意思相近的句子

1. 这几年平板电脑非常流行。【C】

2. 爸爸妈妈都想让哥哥三十岁以前结婚，但哥哥认为太早了。【A】

3. 他非常满意这个大学的环境。【B】

4. 爸爸常常喝点儿酒，不过妈妈从来没喝过酒。【D】

5. 说到夫妻两人的年龄，他觉得丈夫比妻子大一些最好，他家就是这样。【C】

三　对话理解

（一）听对话，选择正确答案

1. 男：王楠，明天咱们出发的时间提前到早上七点了，你告诉同学们了吗？

   女：我已经告诉了兰兰和麦克，但约翰不在宿舍，打他的电话说关机了。

   问：明天可能出现什么情况？【B】

2. 女：明明，快过来，别离小狗太近，你小心着点儿！

   男：奶奶您别担心，这个小狗这么可爱，不会有事的。

   问：对话的两个人是什么关系？【C】

3. 男：玛丽，寒假你有什么打算吗？回国还是去旅行？

   女：我跟你不一样，我已经一年多没回国了，而且我姐姐就要结婚了，所以我要回国。

   问：寒假时男的有什么打算？【B】

4. 女：这次去上海参观，是多好的学习机会，不知道为什么小陈不愿意去。

   男：你还不知道吗？最近她家里出了点事儿，影响到她的身体和心情。

   问：下面哪种情况对？【D】

5. 男：这件衣服你穿有点儿老气，看那件怎么样？是今年最流行的样子。

   女：那件衣服虽然好看，但我穿是不是不合适？年轻人穿上才漂亮吧。

   问：女的是什么意思？【A】

6. 男：如果你要买电脑，我建议你别买台式电脑了，直接买台平板电脑，最近很多人在用，又实用又方便。

   女：对对，你的建议很好，那我就听你的，直接买平板电脑了。

   问：下面哪句话是对的？【B】

7. 女：王林，今天孩子们不回来，就咱们两个人，你做这么多菜为什么？

   男：你最近这是怎么了，都忘了咱们的结婚纪念日了！

问：说话的两个人是什么关系？ 【D】

8. 男：兰兰，我问你一个问题，在你们国家女孩儿多大年纪结婚合适呢？

女：这个问题挺难回答的，只要遇到了自己真正爱的人就可以结婚，跟年纪大小没太大关系。

问：女的是什么意思？ 【C】

9. 女：白经理的变化怎么这么大？才两年没见她，刚才我都没看出来是他。

男：你还不知道吧，白经理去年得了一场大病，在医院住了三个月，所以人一下子就变老了。

问：下面哪种情况是对的？ 【B】

10. 男：下周末是张阳的婚礼，你目前出差在外，能赶回来参加吗？

女：我现在在广州，一周后去上海，在上海待三四天，然后就回北京。所以下周末参加张阳的婚礼没问题。

问：一周后女的应该在哪里？ 【D】

（二）听对话，判断正误（对的画"√"，错的画"×"）

女：爸爸，我们看您来啦。

男：女儿来了，怎么又买这么多吃的？告诉你们好多次了，我这里什么都不缺。哎，小宝和他爸爸怎么没来呢？

女：关力最近非常忙，周末都在加班。明明是去上课了，我们又给他报了一个书法学习班。

男：孩子太累了吧，已经上了5天课，周末还要去上各种班，孩子愿意去吗？

女：爸爸您不知道，现在每家都这样，不是有句话叫"不能输在起跑线"嘛，看到别人家孩子知道得那么多，我们也不能落后啊！

男：话是这样说，可是这么小的孩子也太辛苦了。你们是不是已经给他报了好几个班了？

女：对，他现在在学的有小提琴班、游泳班、画画班和书法班。

男：他对这些真的都有兴趣？虽然你们想好好培养孩子的心情我理解，不过我还是觉得孩子的兴趣很重要，不要总是跟别人家比。同时孩子的身体是最重要的，不要累坏了孩子。

女：您放心吧，再有一个月就放暑假了，我们打算带他去哈尔滨旅行，到时候您也跟我们一起去。

【1.×　2. √　3. √　4.×　5.×　6. √　7. √】

四 短文理解

短文一 我的选择

最近我一直在想这样一个问题：一个女人结婚后，是马上要孩子好，还是等工作几年后再要孩子好。我身边的姐妹们对这个问题的看法都不一样。月月说当然应该马上就要，因为这时你还年轻，有精力照顾孩子，而且爸爸妈妈可能也不太老，也可以帮着照顾。可芳芳却说结婚后马上就要小孩儿就等于让自己困在了家里，每天都有干不完的家务，而且工作上不再有进步，说不定单位很快会找到代替你的人，等孩子大了，你也老了，工作也没了。我觉得她们俩说得都对，也都有道理。一个女人想照顾好家里，同时又想做好工作，确实有很多的困难和麻烦。那么对于刚结婚三个月的我来说，应该怎么做才是最好的呢？我准备再听听更多姐妹的意见。

（一）听第一遍，判断正误（对的画"√"，错的画"×"）

【1. √ 2.× 3.× 4.× 5.× 】

（二）听第二遍，选择正确答案

1. 最近她一直在想什么问题？ 【B】
2. 月月的看法是什么？ 【D】
3. 担心因为照顾孩子影响工作的是谁？ 【A】
4. 文中没有说到什么？ 【C】

短文二 独身生活

我有一个朋友，已经离婚多年，一直一个人生活。每次听到他说"我要回家了"或者"我家新装了空调"等等"我家怎样怎样"的话时，我都不太理解。可能是因为我觉得他离了婚，一个人生活就没有家了。

中国人一般认为一个人离开父母独自生活后，一定是结了婚才算有了家，所以结婚又叫成家。在中国传统思想里是不太接受独身生活的。如果一个人到了结婚的年龄还没有结婚，他的亲人和朋友等就很积极热心地为他介绍对象。但现在情况有了很大改变，随着中国越来越开放，中国人的思维方式有了很大的变化，人们越来越能接受各种生活方式，也越来越能理解别人对生活方式的选择。如今，如果我们身边再有选择独自生活而不结婚的人，周围的人会觉得这是他的自由，应该尊重和容忍。

（一）听第一遍，判断正误（对的画"√"，错的画"×"）

【1.×　2. √　3.×　4.×　5.×】

（二）听第二遍，回答问题

略